欲望资本主义 5

不确定性的挑战与经济危机的本质

21世纪
资本主义研究
经典之五

欲 望 の 資 本 主 義

［日］丸山俊一　日本NHK"欲望资本主义"制作组◎著
袁志海◎译

浙江人民出版社

图书在版编目（CIP）数据

欲望资本主义. 5，不确定性的挑战与经济危机的本质 /（日）丸山俊一，日本NHK"欲望资本主义"制作组著；袁志海译. — 杭州：浙江人民出版社，2023.8
ISBN 978-7-213-11118-1

Ⅰ. ①欲… Ⅱ. ①丸… ②日… ③袁… Ⅲ. ①资本主义经济—研究 Ⅳ. ①F03

中国国家版本馆CIP数据核字（2023）第115625号

浙江省版权局
著作权合同登记章
图字：11-2021-299号

YOKUBO NO SHIHONSHUGI 4 by Shunichi Maruyama & NHK"YOKUBO NO SHIHONSHUGI" Seisakuhan

Copyright © 2020 NHK Enterprises, Inc.
All rights reserved.
Original Japanese edition published by TOYO KEIZAI INC

Simplified Chinese translation copyright © 2023 by Zhejiang People's Publishing House Co.,Ltd.

This Simplified Chinese edition published by arrangement with TOYO KEIZAI INC., Tokyo, through BARDON CHINESE CREATTVE AGENCY LIMITED, Hong Kong.

欲望资本主义 5

[日] 丸山俊一　日本NHK"欲望资本主义"制作组　著　袁志海　译

出版发行　浙江人民出版社（杭州市体育场路347号　邮编：310006）
　　　　　市场部电话：（0571）85061682　85176516
责任编辑：李　楠　方　程
营销编辑：陈雯怡　张紫懿　陈芊如
责任校对：马　玉
责任印务：幸天骄
封面设计：昇一设计
电脑制版：北京之江文化传媒有限公司
印　　刷：杭州丰源印刷有限公司
开　　本：880毫米×1230毫米　1/32　　印　张：6
字　　数：102千字
版　　次：2023年8月第1版　　　　　　印　次：2023年8月第1次印刷
书　　号：978-7-213-11118-1
定　　价：45.00元

如发现印装质量问题，影响阅读，请与市场部联系调换。

前　言

以经济与历史为两翼思考

今天，新冠病毒引发的疫情严重破坏了全球经济体系的核心。不断提高效率、追求利润最大化的当代资本主义提倡集中。为了实现这一目标，各国重要城市大肆吸收人口，使人口变得极端集中、密度奇高。这一被当作实现资本高度集中"最佳手段"的经济体系，还有这个社会的结构脆弱性，如今都被来自"外部"的"入侵者"——新冠病毒从意想不到的角度暴露了出来。

那么，将这存在于自然界中的病毒威胁定位为"外部"，是正确的吗？或许，我们是时候拿出分析人类社会本质，以及人类在历史中为了自身生存而积累的真正智慧了。

本书收录了《欲望资本主义2020——日本·挑战不确定性》《新冠危机系列——全球经济复杂性的挑战/复兴较量》，以及对约瑟夫·E.斯蒂格利茨（Joseph E. Stiglitz）、尼尔·弗格森（Niall Ferguson）分别进行的三次单独采访。在新冠疫情期间进行的这些采访,其中充满紧迫感的言语非常富有启发。更有意义的是,在之前的《欲望资本主义2020》电视节目中,已经明确地揭示出了阻碍资本主义发展的问题本质。希望大家能认真领会两位学者从各自的角度对当代人类日常生活的社会体系,即对资本主义的结构所做的分析和展望。

作为一位获得过诺贝尔经济学奖的重量级人物,理论经济学家约瑟夫·E.斯蒂格利茨并不自满,至今依然为彻底解决贫富差距、气候变化等问题积极活动,不断地就实际问题建言献策。而深受世界各国企业家信任的历史学家尼尔·弗格森,从时代大潮中观察事物兴衰,同时考察与时代共振的人类本性,揭示其背后的社会与文化结构并展望未来。

两位以经济与历史的观点为两翼思考未来,一定会让我们有很大的启发。

"不想停下,无法停下,欲望滋生欲望,欲望的资本主义。"

每期《欲望资本主义》纪录片开头的这句旁白,都曾为我们引出话题,拉开思考的帷幕。我既不想夸大现实,也无意引起焦虑。在实现"富裕社会"之后的很多国家中,驱动资本主义的原动力是无止境的欲望。但是为了更好的生活，我们又需要在各个方面对其进行制衡、控制，将其稳定在合适的水准，这是很困难的事情。欲望一旦释放，就很难将它收起，尤其在第三产业与服务业早已成为经济的主角、被认为只有无形的创意才能孕育出庞大的财富的后工业资本主义更是如此。

然而，也正因如此，我们更应该在此稍做停留——严格地讲，我们处于不允许停下来的资本主义体系中——以两位学者的金玉良言为契机，开启自己的思考，磨炼自身审时度势、看透本质的眼力，洞悉一切的思维，解明结构的想法……这些，如果能有助于我们打破不明朗局面的话，实属万幸。

NHK株式会社制作本部节目开发、总制作人

丸山俊一

目 录

第一章 网络能给你想要的，也会塞给你不想要的
展望未来的历史学家——弗格森 ……………… 001

[2019 年 12 月 5 日的采访]

1. 阶层无法映射的社会结构　004

2. 自我发酵的阴谋论　009

3. 自然状态下的互联网世界　011

4. 让决策者深陷困境的臆断　013

5. 如何评价安倍经济学？　016

6. 社会非常复杂，无法用简单的公式来解释　019

7. 日本的质化兼量化货币宽松政策　022

8. 处于"稳定状态"的日本　024

9. 中美关系　028

10. 共鸣的时代还是冲突的时代？　030

11. 加尔布雷斯与弗里德曼的错误　033

12. 真爱无价　037

13. 没有可以简化的模型　039

[新冠疫情发生后，2020年4月1日的采访]

14. 美国政府做了最差应对　042

15. 全球化时代的大流行　044

16. 让经济停摆毫无意义　047

17. "无法刺激自己关机的经济"（无法唤醒装睡的人）　049

18. 与第一次世界大战前夕的相似之处　051

19. 疫情大流行进一步加剧收入的差距和不平等　053

20. 民族国家具有的优势　057

21. 日本政府的优柔寡断　059

22. 不存在"零增长"这一选择　062

[2020年5月25日的采访]

23. 对疫情的低估　064

24. 不断缩小的现实世界　068

25. 即使分发了支票，也无法强制消费　070

26. 要看真正的变量　073

27. 竞争可以解决问题　076

28. 疫情如何改变社会　078

29. 两种未来　080

第二章 跨越社会距离，直面"未知领域"
充满斗志的经济学知识巨人——斯蒂格利茨 ……083

[2019 年 8 月 28 日的采访]

1. 民主主义受到威胁的资本主义现状　086

2. 特朗普的"梦想"将摧毁美国　089

3. 股东资本主义与压制选民　092

4. 日本提高消费税率的做法欠妥　096

5. 碳税能一举两得　098

6. 现代货币理论效果有限　101

7. 数字货币能提高交易效率　105

8. 助长非法行为的加密资产　106

9. 世界不需要 Libra　107

10. 不平等是美国资本主义的病理　110

11. 对于消除不平等，再分配不可或缺　111

12. 高薪酬能促进创新　113

13. 数字社会的新剥削　115

14. 新的社会契约　117

15. 经济的终极目标是提高幸福度　119

16. 一物一价经济法则的崩溃　121

17. 预测不了经济危机的"标准模型"　123

18. 新的经济模型　125

19. 走向服务业为主的日本经济　128

20. 日本不应追随美国的"切割"　131

[新冠疫情发生后，2020年4月3日的采访]

21. 未知的领域　135

22. 走出对全球化的依赖，实现经济自立　140

23. 化危机为变革的机会　142

24. 假新闻曾是获取利益的手段　145

25. 迈向效率性与恢复力平衡的时代　147

[2020年5月29日的采访]

26. 已经开始探索新的规范　151

27. 与经济萎缩相背离的股价上升　153

28. 化危机为前进的机会　156

29. 重新认识政府作用的重要性　158

30. 重建有复苏能力的供应链　160

31. 跨越价值观差异，学会合作　163

后　记　对真正"强者"的反省和价值判断　………… 167

1. 超越"生命与经济的权衡"　167

2. "信息经济学"与斯蒂格利茨　169

3. "亚当·斯密搞错了" 170

4. 在缠绕交织的欲望之网的前方…… 171

5. 真正的"强者"？从苏格拉底到凯恩斯 174

6. 对资本主义的探索并未结束 176

第 一 章

网络能给你想要的，也会塞给你不想要的

展望未来的历史学家——弗格森

尼尔·弗格森
(Niall Ferguson)
是历史学家和评论家,
洞察人类围绕着财富的
繁荣昌盛与衰退毁灭史,
代表作有《广场与高塔》等

[2019年12月5日的采访]
1. 阶层无法映射的社会结构

渡边裕子：我怀着深厚的兴趣拜读了您的著作《广场与高塔》。您指出，在19世纪后半期之前很少使用"网络"一词。我原来并不知晓这一点。

弗格森：当我的脑海中涌现出以"网络"为主题，进而重新审视历史这一想法之后，我所做的第一件事情就是开始研究"网络"这个词语的相关内容。研究后发现，这个词语没有出现在莎士比亚的戏剧中。在19世纪之前的英语中，除了捕鱼时使用渔网这一字面含义之外，并没有其他用法。

直到铁路出现之后，"网络"这个词才被赋予今天才有的含义并开始广泛使用。这一点非常有意思，因为我们明白了"网络"这个词语是个非常现代的想法。

"阶层制"是《广场与高塔》中的另一个关键词。这是一个从基督教时代起就开始使用的古老术语。这表明长期以来，我们在思考社会的时候，不是将其作为网络，而是一直作为一种阶层构造来理解。而且，在漫长的历史长

第一章　网络能给你想要的，也会塞给你不想要的　¥

尼尔·弗格森

河中,这已经成了我们脱离不掉的思考模式。

19世纪是一个被称作如自行车轮那样的"中心—辐射"型网络的时代。我想,日本也类似吧。在几乎所有的国家的铁道路线图上都可以看到以大城市的枢纽为中心,各种线路向外呈放射状延伸出去的图形。东京站就是如此。当然,电视广播的网络在性质上也一样。电视台作为网络的中心,向网络里所有电视接收端发送同样的信号。

最重要的是,实际上"中心—辐射"型的网络容易进行控制。这种网络可以通过中心轻松地控制全局。网络中的所有节点——比如铁路中的各个站点以及电视广播网络中的各个接收端,都依靠着网络的中心。

然而,20世纪尤其是21世纪以来,出现了各种类型的网络,而且这些网络没有成为中心的控制元素。互联网的特点就是分散化。也就是说,它的中心是呈分散型的。这就是《广场与高塔》中的一大主题。

渡边裕子:您指出,主流历史学过于轻视网络的作用,而阴谋论者有意地夸大网络的作用。

弗格森:当你浏览历史文献时,就会注意到一个问题。那些著名的主流历史学家们往往倾向于以阶层制的思考方式记述历史，而对网络的作用几乎视而不见。

这是有原因的。

古文献对历史学家来说就像一座金矿。通过翻阅古文献，我们能够了解过去到底发生了什么。而另一方面，拥有大量古文献的基本上是政府、军队以及大公司等。这些都是阶层性非常鲜明的组织，它们往往为了集中管理信息而保存古文献。所以，随着阅读政府以及传统悠久的大机构的古文献越来越多，历史学家对过去的看法就会在不知不觉中扭曲，并最终陷入与阶层制相近的思考方式当中。

而与此形成鲜明对照的是，在分散型的社会网络，通常不大会有被集中管理的古文书那样的东西。所以，与中央管理型的组织相比，分散型的社会组织记述历史往往非常困难。

你去搜索几个对历史产生过重大作用的社交网络，就会发现找不到被集中管理的古文献。而我开始研究历史学时，曾对犹太人银行家的网络（圈子）产生了浓厚的兴趣。这个网络对19世纪到20世纪的德国、英国和美国社会曾产生过巨大的影响。然而，我甚至找不到一本能够了解当时情况的集中管理的古文献，最后我只好去各个银行四处寻访资料。

《广场与高塔》插图

东京湾铁道路线图
（其中 3 个中心点分别
为：东京、千叶与横滨）

2.自我发酵的阴谋论

渡边裕子： 请您谈谈对阴谋论者的看法。

弗格森： 我知道，现在有好多特别喜欢描述网络的历史学家。但其实他们不是什么历史学家，而是阴谋论者。你可以尝试在互联网上搜索"illuminati"，就可以进入阴谋论者的奇妙世界。他们肯定会说，有一个秘密社团操控着世界。如光明会（Illuminati）因丹·布朗的侦探小说《达·芬奇密码》而一举成名。光明会是18世纪后期真实存在于德国的一个组织，类似于网络内部的网络，后来它逐渐地渗透进了共济会。

我在书中记述了光明会的历史，而互联网上的大部分信息只不过是空想。那些喜欢阴谋论的人往往不太拘泥于证据，他们的关注点只在于阴谋论的传播上。而且他们肯定会说，阴谋因为非常机巧，所以不留记录。也就是说，这一切都是捏造而已。

同样的，他们对罗斯柴尔德家族的看法也是如此。当然，这是金融史上最有名的一个家族。我在写一部关于罗斯柴尔德家族的历史书，分为上下卷。当我在网上搜索"罗斯柴尔德"时，发现许多令人惊奇的现象。与"光明会"一样，到处充斥着荒谬无聊的信息。可以说，其中一些已达到匪夷所思的程度。

一边是只会从阶层制的角度来记述历史的古板的历史学家，他们只记录首相、总统、国王和王后的事迹；而另一边则是一些愚蠢的阴谋论者，他们坚持着罗斯柴尔德家族与光明会控制着整个世界的看法。这样一来，我们根本就看不到历史的真面目。

在这样的信息泛滥的情况下，要找到中立的地点，提供证据来证明或解释网络中的阴谋论，困难是可想而知的。几乎所有的历史都曾是阶层制与官僚制斗争的过程，但要说清楚这一点却极其困难。

3.自然状态下的互联网世界

渡边裕子：在您看来，基辛格在他的著作里写道："网络力量与自然状态没有什么不同。"这里面有什么含义呢？

弗格森：目前，我正在撰写亨利·基辛格的传记。第一卷已经出版，正在撰写第二卷。基辛格虽然是学术出身，但他是一位成功转入权力与政治世界的非凡人物。他曾是哈佛大学的政治学教授；1969年成为尼克松领导的共和党执政时的国家安全顾问，担任过尼克松和福特政权的国务卿。现在虽已96岁高龄[1]，但他依然坚持在国际政治方面积极发声。

基辛格对科技有着强烈兴趣。你指出的观点，在他最近发表的一篇关于人工智能和网络安全的论文中有所提及。基辛格所说的"自然状态"与17世纪托马斯·霍布斯在《利维坦》中描述的非常相似。我们知道，17世纪初的"三十年战争"是一场以新教与天主教的对立为背景

---

[1] 2019年访谈时基辛格的年龄。——编者注

的宗教战争，以神圣罗马帝国为舞台，席卷了欧洲各国。通过战争目睹了混乱、无序与战乱的霍布斯指出，如果消除了国家阶层统治的权力，任凭人们发挥自由意志的话，社会就会处于无序状态，暴力与疯狂必将四处蔓延。

我认为，基辛格强调的是，在互联网的世界里也会产生一种新型的自然状态。互联网的世界没有规则，网络战不断，无论国家和个人之间都在对别国和其他人发动攻击。所以，互联网正在创造出一种类似于17世纪初的欧洲那样的环境。在那里，与没有主权无任何差异。既没有规则，因此也没有限制。只有放任不管的信息战，比如俄罗斯甚至可以去干涉美国和其他国家的选举。

我非常赞成基辛格"秩序是必需的"这一观点。如果没有秩序，将会出现大混乱。我们从互联网波及美国、欧洲的政治以及现实世界可以说明这一点。

以史为鉴，正如已成为现代国际法开端的"三十年战争"和平条约——《威斯特伐利亚和约》，各国必须就某些特定规则达成一致以约束自身。我将这个称作网络里的《威斯特伐利亚和约》。但是目前，我们尚没有找到解决这个问题的方案。而且现状也与威斯特伐利亚体系相去甚远。在互联网的世界里，类似于"三十年战争"那样的状况仍在继续。而且，说不定现在还处于初期阶段，接下来才正式拉开战幕。

4.让决策者深陷困境的臆断

渡边裕子：除此之外,你在写基辛格传记过程中的收获,也跟我们分享一下吧。

弗格森：嗯。有一个,就是他所说的"臆断问题"。就结果而言,不仅仅是政治,在许多场合都有这样的问题。基辛格描述了所有决策者都面临的一种困境。

比如,大家可以设想一下,比方说自己是首相。假如你意识到有可能会发生灾难,但是可能性不大,仅仅只是在风险层面有发生的可能。这时候,你将面临两个选择。一个是公布风险,或者哪怕不公布风险,也要采取行动,将风险控制到最低;另一个是什么都不做,虔诚地祈求好运。大家会选择哪一个呢?

这是一个进退两难的选择。一方面,就算你为了防止灾难发生而先发制人,不惜代价地采取了行动,但也未必会有回报。因为没有人会为了一场没有发生过的灾难而感激你。另一方面,什么都不做就不需要付出成本。但是,运气不好的话,就有发生大灾难的风险。灾难过后,如果被曝出事先预见到了危险却无所作为，那么你将会面临严厉的批评和问责。这就是决策者困境。

因此，民主主义国家的决策者们往往只是祈祷，什么都不做。这是因为，为避免一场可能不会发生的灾难而付出的巨大成本令人心疼。而且即便成功地避免了一场灾难，既不会有人夸赞，也不会有人表示感谢，更不会有任何的回报。正如基辛格在《臆断问题》中明确指出的那样，这是一个大问题。

这个问题不仅存在于政治领域，也存在于经济领域。无论是谁，作为企业的管理者，每天都会面临臆断的问题。假如你是经营者，在为了规避风险的投资与祈祷之间，你会选择哪一个呢？

同样的，我认为美国央行的经济学家也面临着"臆断"的问题。2008年金融危机的时候，美联储（FRB）的官员和经济学家选择不作为。他们轻视了雷曼兄弟破产将会产生的影响，仅仅只是等着收集完数据，然后打算照着按他们自己的模型而制定的手册去做非常有限的应对。这简直就是典型的官僚主义。

时任美联储主席的本·伯南克[1]也面临这一问题。幸

1　经济学家，出生于1953年，在2006—2014年期间担任美联储主席。——译者注

运的是，曾经学过金融史的伯南克及时预感到会发展成为全球大萧条的危险性，因此他驳回了官僚们的选择，采取了不拘泥于惯例的、激进而带有风险的金融政策。其实，这是以20世纪90年代日本的经验为蓝本的政策。

然而，他推出的这一量化宽松政策并没有获得好评。因为金融危机已经发生了，许多人开始批评美联储。

我认为他的判断非常正确，如果那时候不推出量化宽松政策的话，全球可能会遭受如同20世纪30年代的大萧条那样更大的危机，但因为这是"幸免了的大灾难"的典型案例，其成就几乎得不到认可。

5.如何评价安倍经济学？

渡边裕子：我不知道您是否听说过"安倍经济学"？

弗格森：是安倍的"三支箭"政策吧？

渡边裕子：是的。您如何看待安倍经济学呢？

弗格森：这项政策刚公布的时候，至少美国对其高度赞赏，我也是其中之一。这是因为，面对从20世纪90年代到21世纪初一直困扰日本的低增长与通货紧缩，安倍首相看上去是采取了较为积极的对策。此前，我曾深度关注过各种政策。比如金融政策、财政政策，还有关于结构改革的政策。

纵观过去10年日本经济的表现，虽然取得了一些有意义的改善，但还谈不上创新性的成功。因为日本经济至今仍然没有摆脱通货紧缩或零通胀的流动性的支配。不仅日本央行没有成功实现通胀目标，大多数的日本国民似乎也不期待通胀。利率基本维持在零左右。消除不了通缩流动性的持续零利率，所以无论是金融还是财政政策，都不能说是成功的。

同样，结构改革也很令人失望。甚至在2019年，我们仍然持续着安倍经济学出台时的话题。比如，财政刺激应该把握多大的度？应该控制在多大的规模？此处，问题还涉及其他方面，包括创造能吸引更多海外投资者在日本投资的市场环境等。然而有些规制，比如限制拥有企业一定数量的股份，对经营管理层积极谏言的活跃分子的行为进行管制，等等，可以说是朝着错误的方向在变化。

安倍经济学开始实行的时候，我们曾期待日本式的企业管理文化能够发生根本意义上的改变，让经营管理层及董事会与股东的活跃分子展开对话。因为我认为这将与日本经济能否好转相关。我也觉得日本的实业界应该像美国那样管理，这样可能会有更好的结果。

然而，改变文化绝非一件容易的事情，尤其是人们在危机感尚不紧迫的时候就更加困难。而这恰好是安倍经济学的显著特征。如果一定要列举安倍经济学成果的话，我想那就是它向世界证明了日本经济的"稳定"。因为看上去，日本经济似乎处于显著的低增长与零通胀的常规状态。而这只能用"稳定"来评价了。

如今的日本，没有我记忆中20世纪90年代的那种危机感。这或许也可以说是一种成功，因为世界上长期处于不稳定状态的大多数国家都非常羡慕日本的"稳定"。

6.社会非常复杂，无法用简单的公式来解释

渡边裕子：让我举一个颇具争议的例子。此前，日本央行前副行长岩田规久男曾是量化宽松政策的推崇者，但很多人，特别是诸多经济学者都反对他所采取的政策方案，甚至连折中的方案都无法通过。为什么会出现这种不同的意见呢？是不是也与每个人的经验、兴趣以及社会观等方面的因素有关呢？

决策者往往是在存在不同意见的情况下作出决定，而我们什么时候才能知道政策到底是正确还是错误呢？会不会永远都不可能知道？作为一名历史学家，这个问题您怎么看？

弗格森：有些经济学家从来不想厘清社会的复杂程度，而他们的影响力又很大，这可以说是政策决定时最令人头疼的问题之一。比如日本这样的社会，便是一个复杂的系统——社会网络与市场经济以及现代官僚制度相互交织在一起。如此复杂的系统，用线性数学模型是不可能理解的。复杂的系统并不是一个平衡系统，它只是看起来不平衡而

已，些许的冲击或动荡会使它转而变得混乱。

经济学家不喜欢承认社会是复杂的，他们更喜欢用简化了的线性数学模型来描述社会。连失业与通货膨胀之间，他们都找到了简单的相关性——菲利普斯曲线，它显示通货膨胀与失业之间存在着负相关关系。在过去10年间，经济学家一直在寻找能证明菲利普斯曲线的案例，但他们还没有在数据上找到。就算它作为模型存在，但在现实世界里根本没有这样的事例。如果盲目崇拜经济模型，将会作出错误的预测。所以，最好把简化了的模型作为理解复杂模型的一个途径。同时也应该认识到，人们预测不了的风险，要远比那些你能预测出的风险多得多。

当然，有些风险发生的概率是明确的。例如，我们能知道一年内遭遇交通事故以及患癌症的概率。但是，我们不清楚年内发生战争或大地震的概率。我们唯一能知道的是，总有一天会发生大地震，即便知道这些也无任何意义。

国家也好社会也罢，都是复杂的系统。通过风险模型能把握的，只是人们行为的一小部分，几乎所有的事情都属于不确定性的领域。这是一个令人头疼的问题，因为人们不喜欢不确定性。

然而，在人类进化的过程中，已经掌握了各种应对不确定性的方法。用经验法则去判断,从历史或者宗教中学习借鉴。比如,宗教会开导我们:"没事儿的,别担心。神明会保佑我们的。"这也算人们处理不确定性的一种方法。

承认社会的复杂性,并接受自己生活在不确定的世界里这个事实,是很困难的,让人不想正视。

7.日本的质化兼量化货币宽松政策

渡边裕子： 截至2013年，结构性及量化的日本货币宽松政策备受争议，这是为什么呢？

弗格森： 本·伯南克说，"货币宽松政策在现实中比在理论上更容易取得成功。"

作为货币宽松政策的现实表现，央行从市面回购国债，或通过降低存款准备金率来增加银行的超额准备金，似乎都有促使利率下降、货币供应量增加的效果。但是，到底是货币宽松政策对降息产生了影响？还是即便没有货币宽松政策，利率也会下降？相信没人知道这件事的确切答案。

我们所知道的，仅仅只是美国、欧洲和日本实施货币宽松政策时，经济在同一时期出现了好转。显然，金融缓和到底是不是经济复苏的主要原因尚不清楚。也许，即便没有货币宽松政策，经济迟早也会好转。这就是货币宽松政策难以理解的地方。

日本的货币宽松基本上意味着日元贬值。大家可以看一下安倍经济学的结果，最显著的一点就是日元的大幅贬值；但在美国并没有出现类似的结果，美元没有下跌。这一点和日本大不相同。

日本不可能再像上次一样，允许日元大幅度贬值。因为那样会激怒美国政府，日本会因此再次被卷入贸易战。此前，日本曾打出诱导日元贬值这张牌，并取得了好的效果，但第二次就不好使了。

8. 处于"稳定状态"的日本

渡边裕子：长期以来，日本一直没有摆脱低增长和零通胀。我想听听其原因，以及要如何摆脱这一困境。还有，如果日本和日本人低估了日本经济，您认为这种心理对经济会产生怎样的影响？

弗格森：亚当·斯密在《国富论》中提到了"稳定状态"。针对18世纪的中国经济，他指出"中国经济在过去无疑是持续增长的，但现在似乎停滞了"，并称其为"稳定状态"。

斯密认为，稳定状态是由政策与社会、政治、经济等诸因素相结合而引起的。然而，当时中国保守的精英官僚们基本上都满足于这一"稳定状态"，对民众的贫困漠不关心。

斯密的祖国苏格兰的状况正好与中国完全相反。18世纪末期，苏格兰的经济增长速度或许是世界上最快的。苏格兰改革创新成了工业革命的先锋，在金融改革与全球贸易方面也最发达。

第一章　网络能给你想要的，也会塞给你不想要的　¥

弗格森在谈论日本的过去与未来

反过来，如果把目光移向20世纪90年代之后，我们会看到"二战"之后在世界上取得最大增长的日本经济似乎进入了"稳定状态"。

增长停滞，面临通缩危机，决策者开始对之前的传统经济政策不起作用感到绝望。再加上平均寿命的延长与出生率的降低，催生出了全世界进展最快的老龄化社会。其结果便是导致了民众对经济增长，以及与之相伴的通货膨胀不敢预期的心理。

可能是因为全社会平均年龄上升，不求变化的人变多了。一种人到中年的心态在全国蔓延：从今往后，既不想成为日本国足的一员，也不会在温网中夺冠。巅峰期已成为过去的回忆。这种心理的盛行，或许是理解日本、解释这个国家"稳定状态"的一种思维方式。

如果将"稳定状态"视作国民心理状态体现的话，那么，要从这一状态转向增长将会非常困难。因为改变人的心理状态是一件很困难的事情。经济学家认为只要公布可信度高的目标数据，公众的心理就会改变。而这种想法完全是错误的。心理是根深蒂固的，不是仅仅靠"技术官僚"按下开关就能改变的。

不仅仅是日本，在很多国家都出现了人口减少与老龄化，比如德国就是这样。然而，从日本的失败中学习并吸取教训的国家并不多。

民众心理状态出现急剧变化的过程需要时间,无法找到简单的解决途径。虽然这些绝不是理想的解决方案,但历史的教训告诉我们,不遭遇某种灾难或麻烦的话,是无法简单改变一个处于"稳定状态"的共同体整体的心理状态的。

9.中美关系

渡边裕子：您刚才提到了贸易战，我想听听您对中美贸易摩擦的看法。您认为近年来中美关系或全球秩序中最重要的变化是什么？

弗格森：大约13年前，我在一篇文章中提到过"中美国"这个概念，是一篇描写中美蜜月期的考论。我曾写道，世界上最重要的经济关系是中美关系，两国之间如胶似漆，好像一个经济体。

在"中美国"里，中国储蓄，美国消费。中国出口，美国进口。还有，中国向美国提供贷款。也就是说，美国为了弥补经常收支逆差而从中国借钱，并用这些钱从中国进口大量的消费品，且过去一直是这种关系。

"中美国"映射出了2007年前后全球经济的结构。我认为这种结构是非可持续的，迟早会引发经济危机。后来，经济危机在第二年，即2008年就真的爆发了。

我想，中美关系也是从那时候开始变得紧张的。直到那时，在美国人看来，得益于"中美国"的是中国而不是美国。金融危机爆发时，中国的经济增长率是10%，而美国的失业率是10%。

　　美国意识到了要被快速发展的中国赶超。20世纪80年代，中国的经济规模仅为美国的十分之一左右。而到了2014年，以美元换算的GDP也不过是美国的一半，但是如果按照购买力平价来计算的话，中国的GDP已经超越美国，跃居世界第一。

　　这件事情为美国敲响了警钟。2015年，宣布参加美国总统竞选的唐纳德·特朗普强烈谴责中国侵犯知识产权的行为，并承诺将对来自中国的进口商品征收关税。

　　中美贸易战不断持续，超出了人们的预期。战线从贸易战扩大到了科技战。未来，我们无法预测谁会胜利。

10. 共鸣的时代还是冲突的时代?

渡边裕子：您在《世界大战——仇恨的历史岁月（1904—1953）》中对20世纪做了描述。那么，您预计21世纪将是一个什么样的时代呢？

弗格森：我反复思考，得出的结论是，20世纪是一个战争的时代。不只有两次世界大战，从1904年的日俄战争开始，到1953年朝鲜战争停战为止，战争不断。后来，还发生了越南战争和海湾战争，但与以往的战争相比，规模都比较小。到了20世纪90年代，世界从某种意义上讲已经使尽了战争这种手段。

我认为，20世纪的显著特征是"仇恨"。很明显历史学家在对仇恨及其根源的研究方面，功课做得不是很足。我在详细回顾20世纪的基础上，对这种"仇恨"的理解是，人们坚信与自己敌视或者敌对的人不是同类，因此可以将其杀死。换句话说，人们对残忍地杀人这件事已经变得不厌其烦、无动于衷。如纳粹德国的大屠杀就是一个典型的例子。

当然，仇恨也深深地渗入了盟国。"二战"后期，美国与英国的士兵也对德国及日本使用了仇恨的语言。苏联士兵也憎恨德国，有很多德国妇女遭到了暴行。

仇恨是人类一种异常且具有毒害性的激情。我们必须警惕这种疯狂的激情，绝不能让世界与时代再一次被仇恨所支配。所以，我祈望21世纪不要成为那样的时代。

亚当·斯密说过："共鸣是市民社会的基础。"道德情感理论认为，即使是人们自己现实中无法去体验的事情，也可以基于与他人的感情而产生共鸣。与20世纪相比，我认为今天的世界变得更加富有同理心了。托互联网、电视和电影等大众文化的福，比如说西方人对亚洲人、白人、黑人的了解，都比以前更多了。我认为，跟100年前的人相比，现在的人们更能够产生共鸣。

如果我的这种理解正确的话，那么21世纪将不会是仇恨的世纪，也许可以成为一个共鸣的时代。在这一理想的未来，即便面对气候变化等危机，人类共通的本性将使我们抛开的分歧，为了我们的子孙后代，为了拯救地球而一起努力。完全有这种可能性，这也是《广场与高楼》中的观点。

我认为，社交网络的世界并不仅仅是靠共鸣维系的。我们创建的庞大网络中潜藏着多种多样的病毒，它可以巧妙地通过网络来加剧我们的仇恨和分裂。无论真假消息，都能在一瞬间得到传播，这就是当今的网络社会。它的未来，除了是感情共鸣的时代之外，搞不好也有另一种结局——变成一个混乱、对立、冲突的时代。也就是说，我们现在的社会，明天既有成为感情共鸣的时代的可能性，也有沦为混乱无秩序的时代的风险。

11.加尔布雷斯与弗里德曼的错误

渡边裕子：您一再强调,社会或者说经济社会是复杂且不确定的,并不像经济学家所希望的那么简单。在此,我想请教一个问题。1908年出生于加拿大的经济学家肯尼斯·加尔布雷斯,他一生写了《美国的资本主义》《富裕的社会》和《新工业国家》等50多本著作,其中有许多本是畅销书。尤其是他在《不确定性的时代》中提出的观点,您是如何评价的呢?在日本,《不确定性的时代》也是销量超过50万册的畅销书。我认为他有一个愿景,那就是我们应该去倾听这个复杂、不确定的世界。请您结合当今的情况,谈一谈您的看法。

弗格森：加尔布雷斯生活在学术界为上流社会主导的时代,也经历了20世纪中叶的波澜壮阔。他在经历了20世纪30年代的经济大萧条时期之后读到凯恩斯的书,才有了自己的信念——那就是当市场资本主义不起作用的时候,政府应该介入。他认为,政府应该控制总需求以防止失业,完善社会保障体系以消除极端的贫困。

我很羡慕加尔布雷斯和他那一代的人。他们生活在20世纪60年代，曾坚信自己已经解决了经济问题。剩下唯一要做的，就是把这些解决方案推广到世界上的贫困国家。说实在的，他们那一代人的自信，是今天的我们所没有的。事实上，当时他作为肯尼迪政府的印度大使，曾试图振兴印度经济。然而，他的理论在贫困国家行不通。在越南，这一理论开始瓦解了。在这里，人们信奉另一套理论。

而比这更为糟糕的是，美国在进行越南战争的同时，扩大了美国的社会保障体系，林登·约翰逊的民主党政府造成了令人无法想象的通货膨胀。结果，20世纪70年代成了美国极为悲惨的10年。无论在越南还是在美国国内，加尔布雷斯的理论都没有成功。两位数的通货膨胀、滞胀、低增长、失业……简直太可怕了，而且连统治体系也濒临危机。取代约翰逊执掌政权的共和党总统理查德·尼克松，他在民主党总部窃听未遂引发的"水门事件"曝光后，被迫辞职。

也就是说，加尔布雷斯的时代是一个从他坚信已经解决了所有问题的乐观时期，转变成了他所预言的"富裕的个人与贫穷的国家"的极度萧条时代。对于加尔布雷斯以及他那个时代的人来说，见证美国的衰败应该是很痛苦的。

后来，到了20世纪80年代，新自由主义开始兴起，凯恩斯主义失败了。米尔顿·弗里德曼批判了凯恩斯主义，主张缩小社会保障体系、平衡预算、规制货币政策。他的这些主张得到了共和党总统罗纳德·里根和英国保守党首相玛格丽特·撒切尔的支持与实践。

加尔布雷斯曾认为，社会主义与资本主义必将融合。他预测两者将逐渐接近，政府转变为基于技术专家主义（经济应由技术专家管理并科学合理地运营的思想）的官僚主义体系，即所谓技术主导结构，形成一个基本上由国家来控制经济的社会。但是，他预测错了。事实上，以美国为代表的资本主义走向了自由市场资本主义，而传统的社会主义经济开始探索改革。

与此同时，以弗里德曼为代表的芝加哥学派变得过于自信，就跟20世纪60年代的加尔布雷斯一样。当80年代末柏林墙倒塌时，他们坚信所有的问题已经解决。弗里德曼认为，只要一个小型化的政府，其他事情全交给市场就可以了。自20世纪80年代末以来，我们一直建议原来的社会主义圈子"建立股票市场，并举行选举"，因为我们相信那是走向成功的唯一之路。然而，事情并没有我们预期的那样顺利。

我们忽略了一个重要的事实，那就是，在20世纪80

年代末之后相继发生的东欧剧变与苏联解体的情况下,中国并未被牵连进去。中国坚持一党领导的多党合作制度,在维持社会主义政治体制的同时尝试引入了市场经济。现在看来,中国的举措很成功。

所以,我们也犯了相应的错误,得到了两次惨痛的教训:第一个教训,中国追赶上来了,给了我们一记耳光;第二个教训就是金融危机,我们差点儿陷入了第二次全球经济大萧条。

或许,加尔布雷斯的一生可以用"自食其果"这句话来概括。同样的,我们这些批判凯恩斯主义的人也有过傲慢的时候。我们也犯过错误,并由此变得谦虚起来。

12.真爱无价

渡边裕子： 最后，请您谈谈资本主义及其未来。

弗格森： 人类的确有"理性经济人"这一面，即我们是有使利润最大化需求的经济活动的人。在资本主义社会，有人出卖自己的劳动力，也有人用赚得的钱来购买他们必需的以及想要的东西。这是常见的市场行为。

当然，还有资本家，作为资本主义社会中的少数，他们懂得在经济博弈中获胜的方法。哪怕他们一整天都在床上躺着，也能比出卖劳动力的人赚取更多的钱。这就是资本主义的世界。

那些试图否定市场经济的人，将付出巨大的代价。如果摧毁资本主义的市场，等待我们的有可能就是饥饿与物资极度匮乏的贫困。另一方面，如果我们欺骗自己说，我们只需要市场经济，其他什么都不需要，那么等待我们的将会是另一种命运——那个拿到指环的阿尔贝里希的命运。

我有一个朋友，他认为世界的本质是交易，人类的一切行为都是经济活动。他甚至连家庭都认为是理财的资产组合的一部分,甚至离婚对他来说也是一项经济活动。就连他跟自己孩子的关系,也如同他与公司的关系。而这,就是阿尔贝里希的命运。他认为"金钱就是一切"的观点,毁掉了自己一手建立的家庭。

13.没有可以简化的模型

弗格森：我们并不只生活在市场经济中。其实，我们既生活在社会网络中，又存在于渴望权力的社会阶层当中。

对伴侣、父母、孩子的爱，还有友情，所有这些都远比在市场上用钱能买到的任何东西重要得多。而这样的关系存在于社交网络之中。我认为，友谊是一种非常重要的欲望。我们不仅需要爱，也需要友谊。

权力的世界与金钱、爱情、友情的世界不同。有过在政府等公共机关担任要职经验的人，都会异口同声地抱怨说，工资低、工作时间太长、规矩多、没有隐私。但这些恰恰也证明了人们对权力是何等的痴迷，只要能获得权力，其他的一切都可以忍受。

因此，在不同的世界，有着计算收支平衡的不同方法，不存在可以简化的模型。在市场、社会网络和权力的世界，人们所重视的价值也是有区别的。而我们，正是穿梭于这些不同的世界之间的主体存在。偏爱权力的人肯定也会认为"金钱就是一切"，当然，也会有人认为爱比什么都重要。但是，没有一个人是生活在单一的世界中的。

所有的人都要穿梭于不同世界之间。

无论是谁，只要我们属于某一组织，我们就必须在一个存在阶层的世界中过活，哪怕自己不喜欢权力。这就是我在《广场与高塔》中所说的高塔。离开高塔，前往广场，就会有你的伴侣、恋人、孩子和朋友在等待着你。你可以尽情享受午餐，或在派对上度过愉快时刻。这是一个社交网络的世界，它能满足人们不想被孤立这种基本的欲望。但是你要知道，派对并不是免费的，天下没有免费的午餐。为此，我们进入市场，或出卖劳动力，或进行投资。这就是人类的生活。

我们在社会中，身跨三个领域（社交网络、市场、组织）生活。

据我所知，迄今为止尚没有一个理论框架可以同时完美地对这三个领域作出解释。经济学家的大部分努力，都消耗在了强调市场上那些近乎无用的替个体保密上。这是一个惊人的事实。当然，市场上的各种关系基本上都与交易有关。但是，现实中并不存在保密个人进行交易的市场。每个人都存在于阶层制的组织，以及社交网络之中。认为什么重要，什么有价值，完全因人而异。

作为一门学科，经济学的缺陷之一是没有很好地将网络科学融入其中。这就是经济理论不能准确预测未来的根源所在，主要原因是经济学家假设了一个简单的模型。

为了预测未来，必须引入网络科学。在考虑诸如人们在重视与他人关系的社会网络中如何决定自己的行为、与对方的亲疏关系如何改变交易标准等因素的基础上，对其进行量化和计算。

我想，我们正处于一个非常有意义的时代。网络科学不断发展，像拉兹罗·巴拉瓦西这样的物理学家也在开始帮助我们思考这个问题。还有尼古拉斯·克里斯塔基斯，他在学习医学之后，成了一名优秀的社会学家。这些并非经济学出身的学者，教会了我们如何在纯粹的市场之外重新思考人与人之间的关系。

[新冠疫情发生后,2020年4月1日的采访]
14.美国政府做了最差应对

渡边裕子:您现在住在哪里,周围的情况怎么样?

弗格森:我在蒙大拿州。此前预计旧金山周围的情况可能恶化,就想着尽可能离人群远点,于是在3周前同家人一起搬来了。这里是白雪茫茫的山间,很少能见到人。我不太清楚周围的情况,来到这里后,一直没敢接近市中心一步。

渡边裕子:"美国的情况怎么样?您如何看待美国政府的应对?

弗格森:我认为,美国政府的应对是最差的。起初,他们轻描淡写,什么也没做。后来,来了个180度的大转弯,采取极端的措施,即把经济直接"关机"了。

另一方面,我认为人们基本上冷静地处理了这件事情。美国沿海的州,尤其是东北部和西海岸的人们,很快就改变了他们的行为。在州政府发布命令之前,就已经开始了自我隔离。目前，情况最糟糕的只剩下纽约、新泽西和密歇根这些州。西海岸的人们很快也适应了这种情况，所以并没有出现病人涌向医院之类的引发医疗系统崩溃的现象。

然而，在某些地方，人们的行为过很长时间才出现变化。这个可以从交通与行人流量的监控数据中找到答案。在南部，变化并没有马上出现。像蒙大拿州那样人口相对较少的西部，也是经过很长时间才有了变化。不过，这些地方因为人口少，没有大城市，所以我认为并没多大的风险。据我的所见所闻，那里人们的行为也发生了变化，他们去买食物的时候也戴着口罩和手套。即便是在最僻静的地方，人们的生活也有了较大的变化。

15.全球化时代的大流行

渡边裕子：在上次采访中，您关于全球不稳定与混乱、不确定性的分析，给我留下了深刻印象。简直就是预言了今天的情形。您是不是很早就预测出像这次这样的危机迟早会到来？

弗格森在家中进行视频访谈

弗格森： 我是一名历史学家，时常会研究疫情，疫情在历史中常被作为大事件而记载下来。大的疫情与世界大战一样，也会改变历史的进程。这次新冠疫情事件的发生，我自己确实没有太惊讶。因为我曾预想过，在人类历史上肯定还会有一种具有与流感一样的、传染性比流感更致命的病毒出现。

发生大规模疫情的可能性，与爆发核战争稍微有点儿相似。换句话说，虽然无法知晓它会在什么时候发生，但它肯定会发生。这与地震、战争是一样的。因为迟早会发生，我们就必须做好充分的心理准备。可是，也有许多人认为这样的事情不会发生，这反映了他们不愿面对现实的心态。

然而，在当今全球化程度如此之高的复杂经济体系下，只要稍微偏离常态，就有可能一下子陷入混乱。这就是现在正在发生的事情。

新型冠状病毒被认为是SARS病毒的变异，这些病毒的变异在自然界发生得比较频繁。另外，从历史上看，我们知道人类在感染力强、致死率高的病毒面前非常脆弱。其严重程度与20世纪初的疫情是不可比的。当今，非常发达的交通可以让人们很轻松地在世界移动。虽然医疗技术比100年前有了突飞猛进的进步，但人口的大幅增加，以前预测不足20亿的人口也达到了77亿——加大了疫情的严重程度。

无比发达的网络，不分好坏，不管是数字信号，还是物品、生物，都会瞬间传送给你。我们倾向于相信网络只传播好东西，但这是一个错误。这一次，我们有了深刻的教训。不幸的是，借助于这个庞大的网络，病毒得到了非常迅猛的传播。因此，我既不感到惊讶，也不认为自己是预言家。

对美国政府，我也曾于2月26日赶到华盛顿，试图说服彭斯副总统，让他充分认识事态的严重性。我想让他知道，这次的情况远比总统认为的要严重得多。但其实，那时候已经晚了。我们应该在1月内采取果断的行动。当美国政府转换政策时，局势已非常糟糕，几乎到了完全失控的状态。

16.让经济停摆毫无意义

渡边裕子：全球范围内的经济衰退最令人担忧的，是全球经济同时且大幅度地减速。您认为今后会怎么样呢？请给我们分享一下您的短期预测和长期预测。

弗格森：目前，美国的大部分地区实行隔离和封锁政策，社会经济已经完全停摆，但这样的政策没有可持续性。如果从公共卫生的角度来看，也没有必要。

现阶段，尚不清楚新型冠状病毒感染具有怎样的特征，但是，接下来的两三周内，随着人们加深对病毒的理解，评判以及态度将会发生变化。

如果像目前认识的那样，年轻人即便感染也只是轻症或没有症状，而老年人及慢性病患者感染后的重症化率、死亡率较高。这些情况一旦确定的话，对策也会随之变化。

19世纪和20世纪的流感疫情，的确夺去了许多人的生命，不分男女老幼。但新型冠状病毒中牺牲的大多是老年人，貌似这种可能性很高。如果真是这样的话，完全让经济停摆就没有意义了。老年人原本就与活跃在经济活动第一线的阶层相隔离,而且大多数人已经退休,没有工作。

所以,我认为在4月里,世界各国政府会重新考虑他们的政策。通过保持社交距离、戴口罩、检测等,在确保对感染后重症化概率较高人群的安全措施的前提下,应该让年轻人回到工作岗位。如果错失良机的话,经济将面临巨大的损失且无法挽回,庞大数量的小公司将会消失。即便采取果断的金融对策或实施巨额财政投资,也无法让经济恢复如初。

这时候是应该重新认识政策了。否则,就有可能对经济造成巨大冲击,单纯为了公共卫生的风险防范是无益于社会的。

17. "无法刺激自己关机的经济"
（无法唤醒装睡的人）

渡边裕子：有人说这次疫情的影响是比雷曼冲击更大的危机，您认为此时应该实施什么样的金融、财政政策以及对策呢？

弗格森：这的确是比雷曼兄弟破产更大的冲击。在美国，从来没有这么多人同时申请失业保险过，确实是美国历史上所遭受的最大的冲击之一。我们也研究了英国的数据，发现几乎没有过能跟这次冲击相提并论的危机。

但是，我们不能把2008年的危机与这次的冠状病毒危机混为一谈。它们的性质完全不同！2008年的是金融危机。世界各地的银行陷入了严重的资金短缺，资产负债表上有不良资产。全球的银行体系用了好几年时间才恢复稳定，而欧洲的银行业危机一直持续到了2012年或2013年。

这次不是金融危机，是一个需要政府财政介入的公共卫生危机。因此，我们不能期待在2008年、2009年当时卓有成效的大规模金融、财政刺激政策。刺激并不适合这场危机。大家对雷曼冲击的记忆太深刻了，难怪投资者、银行家和金融专家们都拿出了当时的战略宝典，大谈量化宽松、零利率与财政刺激。但我认为大多数人都没有准确地认清形势，因为大家还没有充分理解这场危机的本质。

自己关机的经济，我们无法去刺激它。目前，各国政府在做的，仅仅是给失业的个人以及被迫停产的企业提供救济。但是，局面并不会因为财政、金融救助而发生扭转。当前的危机是公共卫生危机，需要的是合适的检测方法和有效的疫苗。

18.与第一次世界大战前夕的相似之处

渡边裕子：您在最近发表的论文中使用了"龙王"一词。有什么含义吗？

弗格森："黑天鹅"[1]这个词，我想很多人都听说过吧。我用的"龙王"一词，其实是一个比"黑天鹅"更令人震惊的、出乎意料的未知的危机。

在论文中，我尝试作了新型冠状病毒疫情与第一次世界大战的比较，这是因为它们有很多的相似之处。从时间顺序来看的话，你会更震撼。

请试着回想一下2020年1月的情形。对于出现新型冠状病毒疫情的意义，几乎没有人认真地去思考过。在达沃斯世界经济论坛上，我曾发言说："新型冠状病毒疫情全球大流行的危险比我们现在讨论的气候变化问题更为深刻。"但是，似乎大多数人认为我不正常。可是，不到1个月的时间，新型冠状病毒感染已成为全球政府官员公认

---

1 指市场上事先无法预测且影响很大的事件。缘起于17世纪末在澳大利亚发现黑色天鹅的震惊世人的事件。——译者注

的危机。又过了1个月，就连美国的普通民众也开始注意到了可怕的事情正在发生。

第一次世界大战爆发前夕也有过类似的情况。1914年6月，没有人预料到会爆发世界大战。即便奥地利大公弗朗茨·斐迪南在萨拉热窝遭暗杀之后，也几乎没有人认为这会成为世界大战爆发的导火索。直到1914年7月的最后一周，人们才如梦初醒，第一次意识到即将发生战争。那一刻，世界各地的金融市场崩溃了。主要经济体关闭了几乎所有的股票市场，一直到1914年底才重新开放。

在"龙王"论文中，我指出了这场大流行的早期阶段与第一次世界大战前夕的欧洲有着颇多相似之处。起初，没有人意识到危机，接下来，少数人开始察觉，再后来出现恐慌，而这整个过程，居然在几周内就都出现了。

金融方面也有相似之处。至少在一些方面，发生了非常相似的事情，比如美元的价值飙升了。1914年底，英镑也发生了同样的事情。随着金融系统的关闭，人们迫切需要英镑的崛起来解难。同样，这场危机开始以来，人们一直涌向美元。

当然，也有不一样的地方。战争会动员许多年轻人入伍，但疫情不会。此外，战争由于在武器和物资上花费大量资金，会使经济呈现繁荣景象，但疫情大流行只会让经济萎缩。

19.疫情大流行进一步加剧收入的差距和不平等

渡边裕子：我还想请教一下贫困阶层与富裕阶层之间收入差距问题。回顾第一次世界大战时，曾有一种观点认为，不平等程度在恐慌过后有所降低。这次怎么样？新冠会对全球的收入差距以及不平等产生怎样的影响呢？

弗格森：战争就像一个巨大的滚筒，它让许多的人付出同样的代价。20世纪两次世界大战期间，许多国家实施了物价与工资管制，收入差距有了大幅度的缩小。对于高额收入者征缴大量税金。因此，在两次世界大战期间，收入差距缩小了。但疫情则不同。如果回顾历史就会发现，受影响最大的是贫困阶层，他们中有许多人病倒，甚至失去了生命。

目前，新型冠状病毒对非洲各国、对南亚的印度以及巴基斯坦的影响尚不清楚，但在南美洲已经造成了巨大的危害。如果按照以往的经验预测的话，可以认为贫困国家的死亡率将会更高。在贫困国家，没有富裕国家那样的公共卫生基础设施，也没有能力实施目前发达国家所采取的措施,诸如保持适当的社会隔离等。

通常来讲,在疫情时,越穷的人,患病率与死亡率越高。我相对富裕,所以我可以逃到别墅,使用IT设备继续工作。但是,清洁工、工厂工人、公交司机以及餐馆的服务员无法这样做,实际上也做不到。换句话说,疫情的影响是具有逆进性的,越贫穷,遭受到的伤害就越严重。

是否会感染新冠病毒与你的资产以及收入多少无关。无论你住在曼哈顿上东区还是皇后城,都是一样的。但是,有无防护措施和感染后进行怎样的治疗,取决于资产与收入。所以,疫情会进一步扩大收入差距以及不平等。

渡边裕子: 您认为新冠病毒疫情危机将对经济与政治产生怎样的影响?GAFA[1]这样的全球大公司会进一步扩大垄断吗?在新冠病毒疫情危机之前,GAFA的垄断局面已经开始了。会不会由于这次危机,垄断得到进一步的加速呢?还有,政治行政方面有什么影响?有人指出,由于危机,政府的作用显得更加重要了。

---

1 GAFA,大型科技公司的统称,即谷歌(Google)、苹果(Apple)、脸书(Facebook)及亚马逊(Amazon)四大科技巨头。——译者注

现代科技只凭人脸便可得知个人具体信息

一个手持苹果手机的人

弗格森：这是一个棘手的问题。首先，亚马逊、谷歌等全球巨头将在这场危机中变得更加强大。事实上，借助远程工作等，能不与他人进行身体接触而继续营运的技术性企业，将会通过此次危机进一步成长。

一个典型的例子就是Zoom（多人手机云视频会议软件）。另一方面，像优步（Uber）和爱彼迎（Airbnb）那样，通过使用技术来促进人类接触，这些企业会受到稍微不同的影响。一般来说，疫情对在虚拟空间完成的经济活动有利，而需要物理接触的经济活动则会遭受打击。这个跟年龄没有关系。

至于市场的垄断，我认为即便到不了垄断，在一些市场上也会出现寡头经济。几乎所有国家都有在财政政策上偏袒大公司的倾向，比如在美国，给大企业分配的资金优厚于小企业。我认为，美国已经出现了政府优待大公司这种明显的不公平，可能在欧洲也一样。

20.民族国家具有的优势

弗格森：我预计，在政治上，民族国家的优越性将会再一次得到认可。

一般来说，疫情似乎会导致向左倾斜。在美国，主张全民保险的呼声会获得一席之地，而反对全民保险制度、主张小政府的保守派会成为劣势一方。危机当头，国家是不可或缺的角色。因此，激进派和社会民主主义者们会为此感到高兴，他们坚信以疫情为契机，左派的势力将会得到壮大。

然而，疫情大流行也暴露出了左派所宣称的开放边境以及全球化所蕴含的危险，所以从公民基本安全的角度来看，能感觉到民族国家的优越性正再一次得到认可。但是，对于人们会由于大流行而在政治上变左的说法，我认为它不一定正确。

就目前而言，我认为疫情确实印证了对全球主义批评的正确性。国际组织的缺陷也暴露了出来，世界卫生组织（WHO）对一些国家投鼠忌器的态度令人生疑。结果，国际组织的影响力似乎因疫情而减弱了。此外，欧盟对新冠疫情危机的应对也很草率，让许多意大利人彻底失望。这种情况留给人们的印象是，危机当头能靠得住的只有民族国家。

所以，我认为不会出现人们通常所说的那种"左"倾。

21.日本政府的优柔寡断

渡边裕子：那您怎样评价日本的现状、医疗体系以及日本政府的应对呢？

弗格森：从死亡人数来看，日本的增速与其他国家相比非常缓慢。死亡人数是了解新冠病毒感染状况的最重要指标，因为感染人数会因检测方法以及受检人数而出现很大波动。就死亡人数而言，目前日本并没有像意大利那样处于失控状态。

日本的应对比韩国相对温和一些，我认为这是一个非常有趣的研究案例。都说新冠病毒对老年人最危险，而日本作为世界上人口老龄化最严重的国家，并没有选择封城、强制保持社会距离等硬性措施。因此，全世界都认为日本政府犯了一个荒谬的错误。今天，大家都在关切地注视着日本，担心它可能陷入危机。

我没有看最近的数据，所以难以作出最新的预测，但我一直认为日本的高人口密度会和日本人与他人身体接触较少这一习惯相抵消（高密度的缺点，会得到好习惯的弥补）。因为日本文化当中，原本就有保持社会距离这一习惯。甚至在新冠危机开始时，人们都说："今后，跟人打招呼时不要握手，还是像日本人那样鞠躬比较安全。"说实话，我最近也开始改握手为鞠躬了。

所以，最初我曾认为跟欧洲相比，日本也许不会受到严重的影响。但是，由于这次的病毒具有极强的传染性，即便是与他人进行身体接触机会很少的日本人的这种生活习惯，也难以预防感染的传播。为了抑制病毒，防止感染人数和死者的急剧增加，我认为需要更果断的对策。

对于是不是要实施会对经济造成打击的政策，日本政府明显地表现出犹豫不决。但是，如果感染人数增速达到一定程度，政府也不得不采取更严厉的措施。

关闭餐馆和酒吧、取消公共聚集等意义上的保持社交距离方式，与实际上让经济停摆这两件事情应该明确地加以区别。在此基础上，找到两者之间比较适当的"中间点"是今后1个月左右的重要课题。究竟如何才能做到既可以严防新冠病毒，又不致让经济瘫痪？日本和其他国家一样，也会在这方面绞尽脑汁。但这的确是个难题。除了韩国、新加坡等较早采取措施的国家和地区，我认为做到了这一点的国家和地区并不多。

疫情大流行对策中最重要的事情，其实早已广为人知了。正如美国著名的流行病学家拉里·布里安特曾经指出的那样，"如何才能尽快采取措施，这是一切的一切"。同英国与美国的应对迟缓一样，对于日本来说，未能尽早地采取有效措施，搞不好也会成为一个致命的失误。

22.不存在"零增长"这一选择

渡边裕子: 您认为目前处于经济政策的转折点吗?迄今为止,世界只顾一味地追求经济增长,是不是到了该重新认识资本主义的时候了?我们需不需要改变对经济的看法呢?

弗格森: 环境保护主义者认为,"即便零增长也没有问题,零增长反倒拯救了地球",但这反映了他们对于经济历史的无知。零增长会带来许多的问题。全球经济下滑,遭受最沉重打击的是受失业以及收入下降影响的低收入阶层。要知道,受零增长之苦的永远是穷人!

纵观历史,没有一个例子能表明经济衰退或亚当·斯密笔下所谓那种经济"稳定状态"是好事。零增长是每个国家在其历史进程中都经历的,谁都知道它到底意味着什么。人均收入在罗马帝国时期到19世纪中叶左右,几乎没有发生过变化,直到工业革命时期,才有了改变。

工业革命带来了经济增长。得益于此,人们的营养与卫生、居住环境、医疗等许多方面都得到了改善。结果,平均预期寿命也从以前的20多岁有了急剧的增长。

目前,对于人口持续增多的国家来说,不可能存在零增长这一选择。而在非洲,如何避免零增长则是一个十分紧迫的问题。

[2020年5月25日的采访]
23.对疫情的低估

渡边裕子：您的胡子长了不少呢。

弗格森：是啊,越长越长了。我身边很多人也开始长了,说是"新冠胡子"。

弗格森在展示他的"新冠胡子"

渡边裕子：距离上次采访已经过去大约两个月了。目前，世界发生了什么？是发生了两个月前所预料到的事情呢，还是发生了不同事情呢？

弗格森：我想，历史学家不会惊讶于这场疫情的发展。因为在过去的历史中，人们对疫情已经司空见惯了。1918—1919 年和 1957—1958 年也发生过同样的事情。从世界的某个地区到另一个地区，产生了各种各样的影响。今年底前极有可能爆发第二波。从过去的历史来看，这些都不奇怪。

上次采访的时候，我们还不确定新冠病毒是什么样的传染病，但两个月后，我们知道了它没有 1918 年的流感病毒危险。1918 年的疫情中，世界失去了 2%~3% 的人口，我不认为新冠会造成如此大的牺牲。

最让我吃惊的是，无论是美国还是英国政府的应对仍非常敷衍。他们理论上都为应对这场疫情做好了充分准备，建立了官方应对机制，也出台了冗长且复杂的有关生物防御的文件。然而，当疫情暴发时，政府却犯了巨大的错误。我想，我们必须搞清楚为什么这些国家的政府会犯如此之大的错误，又为什么他们采取行动会如此之晚。

直到 3 月中旬陷入恐慌，采取了经济封锁等措施，给经济带来了毁灭性的破坏和超出预期的打击。另一点让我吃惊的是中美关系迅速紧张起来。当然，正如我上次所说，虽然预料到关系会恶化，但没想到两国之间的摩擦会变得如此严重，这让我十分惊讶。

我认为人们低估了这次疫情。虽然从历史角度看，这并不值得大惊小怪，但它给经济和国际关系带来了巨大影响。

渡边裕子：首先，我想就经济请教一下。在与新冠共存"新的日常"中，游戏行业蓬勃发展。另一方面，同样是IT相关的行业，如优食（Uber Eats）、爱彼迎（Airbnb）等这些以与人接触为前提的行业，受到经济衰退的影响，开始了大规模裁员。

如果从具体经济活动的视角来看，您认为当前的经济状况有哪些特点呢，又该如何恢复消费需求呢？

弗格森：我认为，与虚拟世界的经济相比，现实世界的经济正在衰退。受新冠危机影响，线上消费在急剧增加。这个是不是今后消费恢复的一种方式呢？店铺零售业的前景原本就令人担忧，受疫情影响，这一状况提前10年左右就到来了。至少在明年之前，看不到百货公司热闹非凡、周末的购物中心人山人海的情景了。

大多数人可能会尽量选择网上购物。如果养成了这种习惯，恐怕人们的生活方式再也回不到以前了——哪怕疫情结束后。

24.不断缩小的现实世界

弗格森：许多年前，互联网尚处于黎明期，人们就预见到现实世界会因虚拟世界的出现而收缩。20世纪90年代，尼尔·斯蒂芬森曾通过他的科幻小说《雪崩》描绘了一个虚拟现实的世界。作品中，人们变成阿凡达在网上度过其生活中一半以上的时间后，反而对加利福尼亚稍显脏乱的现实生活一点儿也不在意了。我认为斯蒂芬森的愿景现在已经变成了现实。

本次疫情无疑加速了这一趋势。人们被关在家里，不能去外面，去餐厅和酒吧据说有危险，所以只好通过电脑和智能手机，在虚拟世界里度过更多的时间。

虚拟世界的问题在于，它不会在现实世界中产生经济效益。虽然可以在游戏空间将数字货币存起来，但要将数字货币从游戏空间取出来拿去购物或在餐厅使用，则是极其困难的一件事情。

也就是说，现实世界和虚拟世界是完全不同的。要将虚拟世界与现实世界的经济打通，还需要很长一段时间。当然，并不是说两者之间现在没有关联性，只是规模很小而已。

如果从这样的视角来看，现今存在着两个截然不同的世界，现实世界遭受衰退之苦，而虚拟世界的经济在快速增长。这种奇妙诡异的状况令人不得不感到困惑。有两个世界，一边是令人沮丧的现实，而另一边则风生水起、茁壮成长。穿梭于两个世界的人们将永远怀着"认知失调"[1]的心态生活。

渡边裕子： 受新型冠状病毒的影响，电影、音乐演唱会等娱乐产业正在通过互联网走进虚拟世界。这会不会带来真正的经济增长？

弗格森： 我觉得够呛。我不认为歌剧、古典音乐，甚至摇滚乐能在互联网上发挥作用。谁都知道，缺少观众的音乐会或体育比赛无法给人带来兴奋感。离开了观众，它们就不得不变成别的完全不同种类的娱乐方式。

---

[1] 社会心理学术语，表示同时抱有互相矛盾的认知。——译者注

25.即使分发了支票,也无法强制消费

渡边裕子:您是说,刺激需求的传统经济方法已不再有效了吗?那么,基于对人们消费预期的超前投资,今后和未来会怎样发展呢?

弗格森:凯恩斯在《就业、利息和货币通论》中写道:"经济危机中的决定性变量是边际消费倾向[1]。"凯恩斯主张,在经济危机中,必须采取能刺激边际消费倾向提高的政策。

在需要经济封锁和保持社交距离的情况下,这绝非易事。在许多国家,人们害怕政府的警告,不得不改变自己的行为模式。于是,我们看到的是储蓄率的大幅提升。

到底是解除封锁,消费有所回升了呢?还是受社会距离的影响,储蓄率依旧居高不下?这需要验证才能找到答案。

就目前情况来看,人们希望存钱,对于回归到疫情前

---

[1] 即收入的增量中用于消费支出的比例。——译者注

消费习惯的态度非常消极。这是最大的政策课题。

如同美国政府以往所实施的刺激消费的政策，通过邮寄给人们政府支票，以及给企业发放贷款——即便明明知道谁都不还。但是，政府无法强制人们使用发放的钱，也不能强迫经营者继续不赚钱的生意。所以我认为，普通的经济刺激政策迟早会暴露出它的局限性。即便抱着亏空赤字的觉悟，动用再大的财政，也无法促使人们在目前这种情况下去增加消费。

渡边裕子：日本人都喜欢存钱，这不仅仅是个人偏好层面的事情；日本的企业也有巨额储蓄。极具讽刺的是，或许正是因为有储蓄，才能应对这种艰难的局面。凯恩斯说过，从流动性的观点来看的话，过度储蓄对经济不利。在这次新冠危机中，储蓄起到它的作用了吗？对此，您怎么看呢？

弗格森：我认为，我们的确无法让人们停止储蓄。没有人会在这样的灾难之后马上恢复消费。大多数美国人对刚刚过去的金融危机刻骨铭心，现在又遭受新的经济冲击，人们存钱是理所当然的。

消费是经济增长的一大推动力。如果消费者为了应对风险，不愿意消费而去存钱，那么经济复苏就会变得非常缓慢。在大多数国家，个人储蓄率会上升，而经济增长将进一步放缓。

26.要看真正的变量

渡边裕子:没有储蓄的人和非正规劳动者等贫困阶层该如何度过这场危机呢?需要怎样的政策呢?

弗格森:在发达国家,政府发放了补助。美国基本上采取"全民基本收入",英国和其他国家也一样。在美国部分地区,失业者获得的补贴甚至比他们工作时的工资还要多,这显然是美国国会考虑不成熟的体现。我认为,这会在人们可以重返工作岗位时,带来负面影响。

从今年(2020年)到明年,失业率将进一步上升。金融危机之后,我们花了6年时间才将失业率恢复到2008年之前的水平。2019年美国的失业率为3.7%,这作为"二战"以后的失业率是非常低的,也是20世纪60年代以来的最低水平。要恢复到这个水平,与金融危机的时候相比还需要更长的时间。估计人们要在很长一段时间内持续领取失业救济金。

如果民主党在11月的选举中胜出的话,预计将进一步加大补助。民主党政府可能会扩大补助发放范围,提高补助额度。但这样一来，失业率会进一步升高。我想，在不久的将来，会迎来失业率进一步上升、更加依赖政府补助金的时代。尤其对于餐厅服务员和靠零工经济（利用互联网从事的一次性或短期的工作方式）谋生的非熟练工人来说，他们将遭受沉重的打击。

但情况不会比现在变得更糟。因为在疫情发生之前，未接受过高等教育人群的贫困就已经成了美国的严重社会问题。现在，连低学历的非熟练工人可以从业的岗位也没有了，他们全靠政府的补助金生活。所以，对于贫困阶层来说，情况不会变得比现在更糟糕。

渡边裕子：实体经济受损会严重影响到金融体系，对可能出现这样的结局开始有人担忧了。这也有可能引发房地产价格暴跌。为了保护经济，您认为在现在的经济体系中应该注意什么呢？有没有办法可以恢复经济呢？

弗格森：我们为了正确地认识经济而必须了解的重大问题之一，是商品价格实质上由政府、中央银行控制，他们隐藏了必要的信息。

金融资产的价格也是如此。自3月中旬美联储（FRB）和其他国家的央行实施大规模干预以来，利率和股市出现了与经济现实完全相反的走势。因此，美国股市的股价已恢复到去年的水平。如果你除了股市，对美国经济一无所知的话，你肯定会认为美国经济一帆风顺。其实这不是正常人的判断，因为大家都在担心失业率会超过20%。

所以，我们需要掌握真正的变量。而金融变量不会告诉我们任何有意义的事情。

我认为，也需要分析人们的出行以及其他行为的变量指标。通过使用智能手机的定位信息，可以比以前更精准地了解人们的实际活动情况。从这些数据可以看出，人们的出行活动在某种意义上正逐渐地回归到疫情之前的状况。

然而，当我们把目光移向企业活动时，尚不清楚有多少人在实际工作。从人们的消费金额，也看不出好的征兆。也就是说，无论人们怎么恢复在公园散步和锻炼，于经济而言都没有意义——虽然对健康有好处。

27.竞争可以解决问题

渡边裕子：非常感谢。接下来，我们想向您请教政治和国际关系的相关问题。今天，地区间的互助机制正在走向衰落。如今，世界各国都在与彼此竞争，加紧生产疫苗，并实行不同的防疫政策，这是一种好的应对方法吗？

弗格森：对于这次波及全球的疫情，太过简单地去分析各国政府的应对结果是很危险的。

现在，全世界都对新冠病毒疫苗翘首以盼。这疫苗从哪里来呢？疫苗将在全球100多个研发团队的激烈竞争中产生。参与者既有民营公司，也有政府机构的团队。只有竞争，才能成就创新。

我们来思考一下在疫苗出来之前，这样的政策是不是最有效。事实上，现在全世界各国的政府都在进行实验。瑞典选择了与德国不同的路，英国和法国分别选择了不同的方法，日本奉行了与韩国完全不同的政策。也就是说，并不是全世界的政府都像金太郎糖[1]一样推进同样的政策，而是各国政府通过竞争试验各种不同的政策，才能找到最好的应对方法。

渡边裕子：大约两个月前，您曾指出，新冠病毒的初期演变跟第一次世界大战前夕的情况有些类似。您现在也这么认为吗？我们可以从历史中学到什么？

弗格森：人类的历史以周期性灾难的出现为特征，疫情只是其中之一。此外，还有人为发动的战争以及其他自然灾害，如地震、海啸、火山爆发、干旱和饥荒。日本的朋友对这些非常了解，对吧？因此，所谓历史就是大规模的灾难的连续。

1　日本传统糖果。——译者注

28.疫情如何改变社会

弗格森：我们目前的困难，在于很难了解疫情对国家和社会生活会造成什么影响。

我们先回顾一下第一次世界大战给世界带来的政治、经济方面的影响。战争始于1914年。尽管很长一段时间，人们都预测战争会爆发，但当它真正爆发的时候，人们还是非常震惊。"一战"以欧洲的帝国为中心，一直持续了4年零3个多月的时间，大约1000万年轻人在战争中失去了生命。然而，这并没有对人口动态产生破坏性的影响，因为当时有很多没有达到服兵役年龄的年轻人。

第一次世界大战给世界带来的最大影响在于，它解开了正值大战当中的1917年发生在俄罗斯的革命的连锁反应。换句话说，即使战争本身的损害和牺牲没有给社会带来巨大变动，也成了全球动荡的诱因。

对我们的健康而言，新冠病毒当然是重大威胁，但我更关心的是新冠病毒对社会本身造成多大的影响。

死于新冠病毒的人大都是老年人，因此社会不会像夺去许多年轻男子生命的战争那样受到创伤。当然，问题不在于会有多少人牺牲，而在于公共卫生危机给社会带来怎样的改变。

为了遏制新冠病毒，世界正处于经济衰退当中。我认为，经济衰退在试图遏制这种疾病的尝试中产生了。此外，围绕新冠病毒，中美关系远比疫情之前紧张。从历史的角度看，或许这才是最具有重要意义的。许多人死于新冠病毒，但在历史上来看，这本身并不是一个主要现象，值得关注的更大的现象是由此带来的社会以及国际秩序的变革。

渡边裕子： 通过历史，您是怎样预测未来的呢？世界要从这个前所未有的经济状况中实现复苏，需要多长时间呢？是1年还是5年？

弗格森： 预言家往往会坚定地告诉我们未来，但历史学家却说未来不止一个，也无法判断到底哪一个会成为现实。因为不确定性很大。

29.两种未来

弗格森：下面我向大家展示两个关于未来的预期吧。一个是好的剧情发展，疫苗将很快研发并确立治疗方法。人们不会受到第二波病毒的攻击，病毒会逐渐消失。同时，消费者相信，有了疫苗，即使感染也能恢复，所以经济会迅速复苏。危机会在明年内结束。但是，这一未来蓝图极有可能只是一个幸福的童话。

另一个未来则让人难以振奋。疫苗没有开发出来，也没有找到有效的治疗方法。病毒继续肆虐，而且还会突发远比我们预想的要恶劣得多的情况。今年后半年，非洲和拉丁美洲将遭受病毒的第二波袭击。北半球的许多国家会重新开学，但经济状况的低迷可能到了明年也依然持续着，因为消费者害怕回到以前的消费习惯。只要消费者对病毒怀有恐慌，即便解封，经济也无法复苏。

坦率地讲，我估计出现第二种，也就是说不理想的未来的可能性极高。但结果最终会介于两种可能之间的某个位置。也就是说，即便不是马上发生，但在未来的某个时刻，一定会有医学上的突破，局面也会为之扭转。毕竟有那么多的研究人员为开发疫苗和治疗方法在激烈地竞争。

不过，我认为经济的复苏会放缓。即使研制出疫苗，那时候的经济也比现在收缩很多了，估计不会马上出现V字形复苏吧。

所以，从公共卫生的角度来看的话，未来总归是光明的；但从经济增长的角度来看，我们还是不能过于乐观。

渡边裕子：最坏的情况是怎样的呢？有没有什么办法可以不让它出现？

弗格森：最坏的情况就是20世纪30年代发生的事情以12倍速重现。1929年开始的经济衰退中，美国花了3年时间，失业率才超过20%。然而，这次危机仅仅3个月，情况就急剧恶化，不比大萧条的时候好多少。如果从现在开始，将整个20世纪30年代以原来的12倍速重现的话，世界将会在今年之内遭遇非常严重的危机，包括在许多地区出现战争和纠纷的可能。

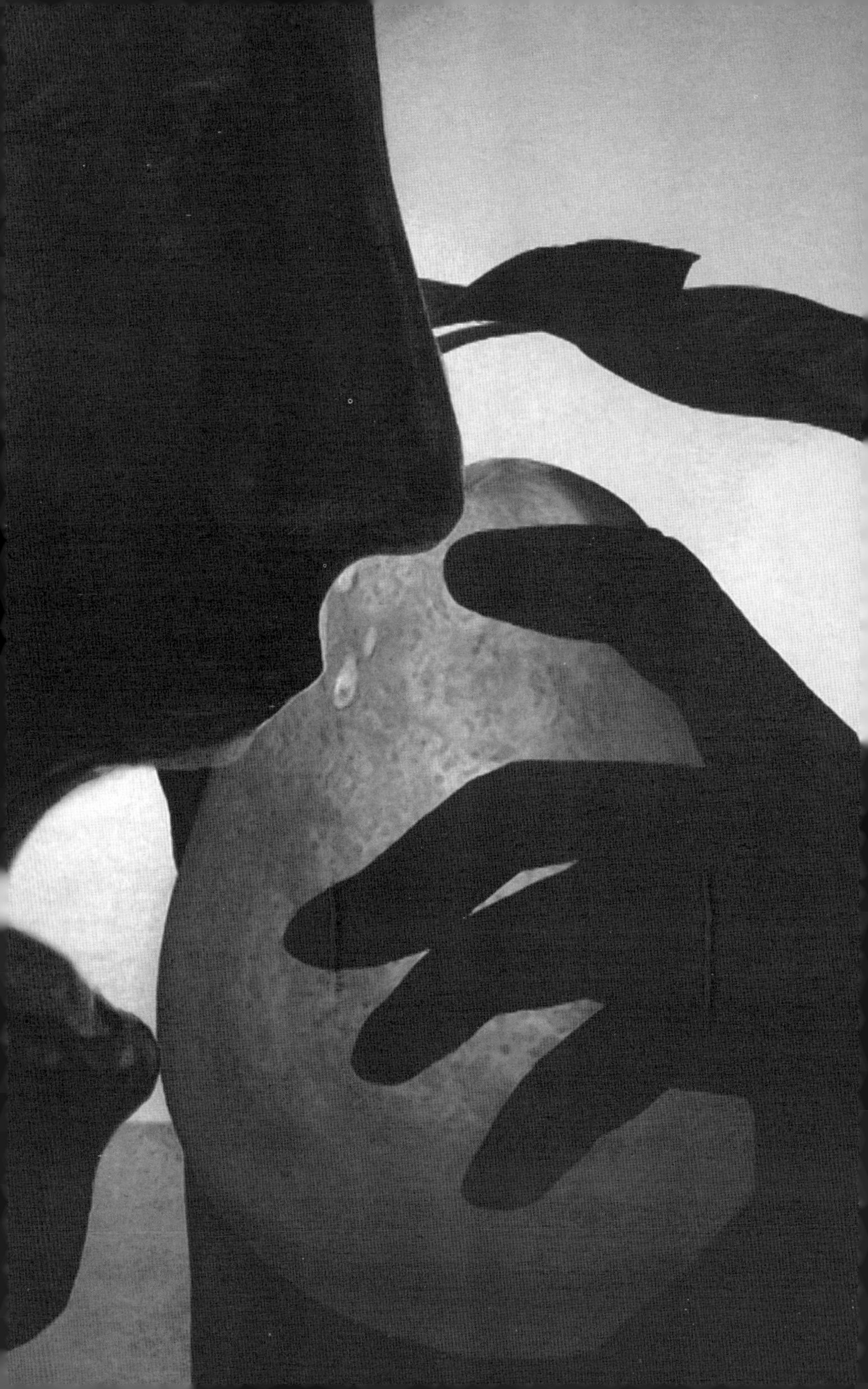

第 二 章

跨越社会距离,直面"未知领域"

充满斗志的经济学知识巨人——斯蒂格利茨

约瑟夫·E. 斯蒂格利茨

(Joseph E. Stiglitz)

是经济学家、哥伦比亚大学教授,

诺贝尔经济学奖获得者,

曾担任世界银行首席经济学家

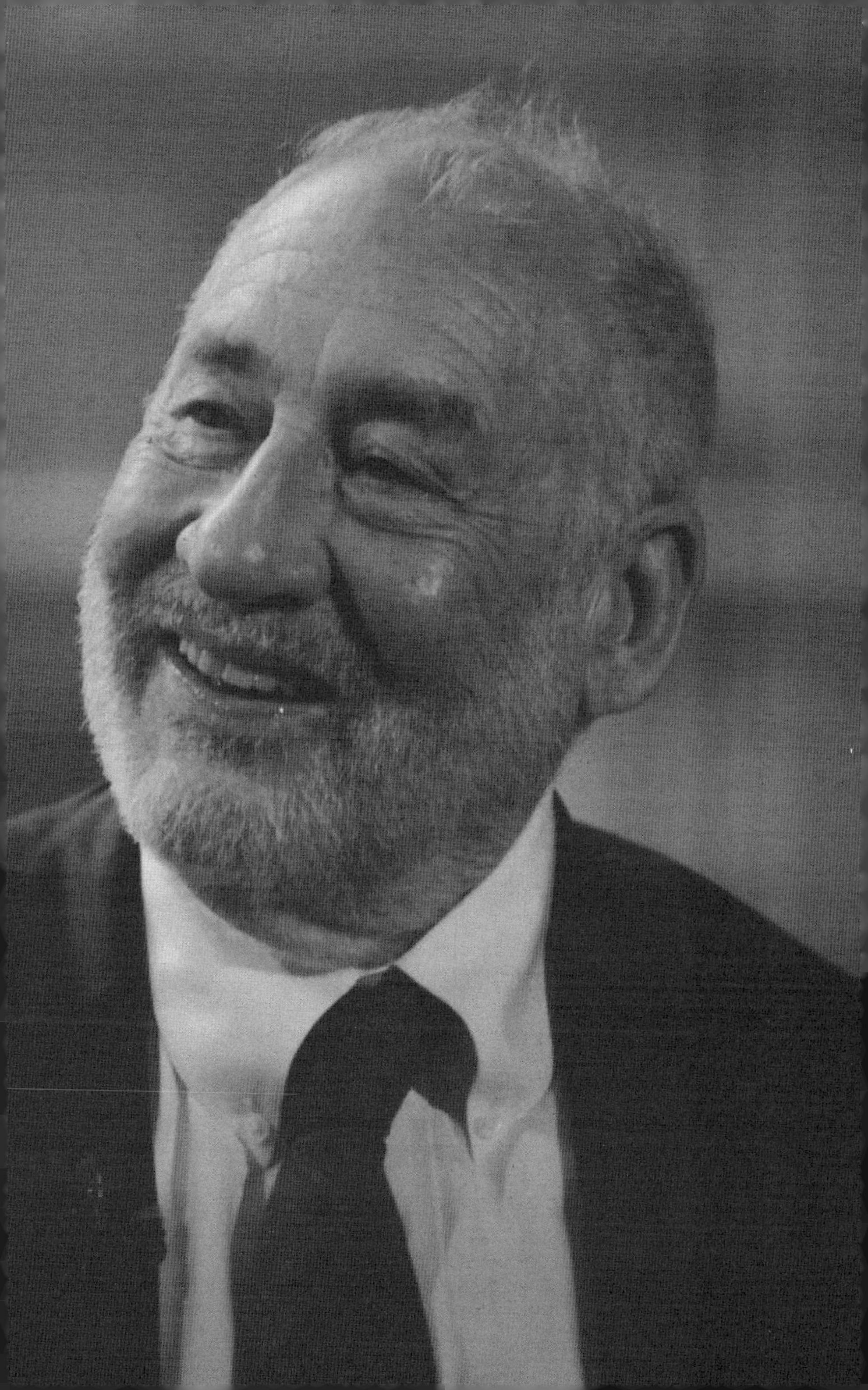

[2019年8月28日的采访]
1.民主主义受到威胁的资本主义现状

安田洋祐（以下简称"安田"）：以前，在《欲望的资本主义》刚开始播放时我也向您请教过。当时您说："亚当·斯密错了"，他"没有想象到现代资本主义发展的光与影"。这句话给我留下了深刻的印象。从那时起，三年半过去了，您如何看待资本主义的现状？您的想法有没有什么变化？

斯蒂格利茨：情况发展得比预想的还要糟糕，尤其是政治。政治体现了经济的变化。

民主主义正遭受威胁，世界上的大部分地区不再是我们所认为的民主主义国家。不过，在动荡的世界中，日本这样的国家看上去显得和平、令人安心。

安田：是吗？

斯蒂格利茨：我们知道，现在正在经历的一件事情就是市场经济的失败。40年前，里根和撒切尔的新自由主

第二章 跨越社会距离,直面"未知领域" ¥

安田洋祐和约瑟夫·斯蒂格利茨在访谈

义承诺，全球化、金融化、国际化和技术进步将提高所有人的生活水平。在竞选时承诺每个人都能从强劲的增长中受益，虽然差距和不平等可能会扩大。

安田：这就是所谓"涓滴理论"吧。

斯蒂格利茨：是的，然而行动并没奏效。实际发生的情况是增速放缓，受益的仅仅是标准之外的大富翁。

例如，在今天的美国，全职工作的男性在通货膨胀调整后的平均收入与42年前处于同一水平。即便如此，那些能获得平均收入的人还是幸运的。如今，最底层人们的工资仍然维持在60年前的水平。今后，情况只会变得更糟。

安田：这真是个令人惊讶的情况。

斯蒂格利茨：很多人被迫过着在贫困线以下的生活，这种情况损害了全世界的民主主义，结果便是特朗普这样的煽动政治家上台。目前已经有一些研究，阐明了个中的因果关系。

如今，市场经济的失败，已经成了民主主义面临的威胁。

2.特朗普的"梦想"将摧毁美国

安田：特朗普总统的贸易保护主义政策给世界带来了冲击和混乱，与共和党以往的贸易政策相比，特朗普总统的政策不能说是正确的。他似乎是想通过限制自由贸易来复活"伟大的美国"。

斯蒂格利茨：我曾反对共和党的经济政策，但特朗普总统的政策没法与之相比。这简直令人震惊。

我们需要的是一个有规则的世界，即我们需要法治。没有法治，经济就无法运行。在今天的全球经济中，世贸组织（WTO）是以法治为基础的。我们可能在制定什么样的规则以及是否更新规则的细节上有分歧，但法治是必要的。特朗普完全没有经济学知识，他又试图破坏法治本身，这带来了混乱和不确定性。因此，他的政策使人们陷入困境，包括他的支持者们。

比如，无论特朗普怎样呼吁，制造业都不会重返美国。即使他对中国征收非常高的关税，也只会将进口地转移到越南、孟加拉国、斯里兰卡等国家。总之，制造业不会转移到南卡罗来纳州。即使多少回流了一点，负责制造业的也是机器人。既不会创造就业机会，也绝对不会让失业者重返工作岗位。如今，美国失业者想要获得新工作的唯一途径是获得新技能。

特朗普正在追逐着20世纪五六十年代的梦想，当时的美国是制造业大国。第二次世界大战后，美国是资本主义国家中的唯一大国。特朗普想要重现那样的世界。但这是不可能的，因为时光不能倒流。

特朗普的计划之一是煤炭产业的复兴。特朗普正试图保护煤矿工人的工作，但煤炭时代正在终结。由于全球变暖，煤炭无法再投入使用。另一方面，在如今的可再生能源领域，从事太阳能电池板安装的工人比煤矿工人多很多倍。尽管如此，保护煤炭产业，就是试图阻止新成长领域产业的发展。

换句话说，特朗普正试图等待太阳能电池板的普及以保护煤炭。而煤炭对人类健康有害，它破坏了煤矿工人和整个社会人们的健康。因此，重新使用有害能源，阻碍使用低成本的清洁能源的做法是荒谬的。美国之所以遭受损害，是因为总统不了解未来社会的形态。

显而易见的是，我们的社会体系也有问题，才允许特朗普这样的煽动性政治家上台，使有些事情进展得不顺利。

我们应该在新自由主义的基础上革新里根政权以来的资本主义，转向新的资本主义。

3.股东资本主义与压制选民

安田：您的新书《人民、权力和利润：不满时代的进步资本主义》在标题上使用了"进步资本主义"一词。请您谈谈其中的目的和含义。

斯蒂格利茨：我主张资本主义为民众服务，民主主义意味着人民共享权利。资本主义应该是民主主义制度的一部分，资本主义所要谋求的利润是实现"权力共享"这一民主主义目标的手段，而不是目的。

但美国的资本主义忘记了这一点，因为它已经成了"股东资本主义"。今天大多数美国人失去了权力，权力集中在极少数人手中。不仅经济决策权，连政治权力都集中在少数人手中。经济方面的差距扩大，带来了政治上的不平等。美国资本主义所创造出来的利润并没有分配给美国民众。事实上，民主主义的基础现在正在走向瓦解。

共和党正在展开一种阴险的战术，被称作"压制选民"，目的是诱使敌对阵营的支持者不去投票或使他们无法去投票。比如说，在投票当天的早上，给不确定的多数选民打电话，谎称"已确认某某候选人当选"。于是，相信这些信息的选民便不再参与投票。

虽然欺骗电话是一种明目张胆的手法，但是压制选民依然以不容易被人们识破的、巧妙且卑鄙的手段在进行。美国的许多州都在工作日进行投票。休息日投票的国家不多，比如日本就是在星期日举行投票。在美国，必须请假去投票，而如果去投票的话，收入就会减少。更为过分的是，一些州将投票时间设置得很短，让那些为了生活难以请假的人无法去投票。

总统选举制度也是个问题。由于是间接选举，在2000年和2016年的选举中，虽然布什总统、特朗普总统在各自的选举中都未获得超过半数的选票，却因击败了各自的对手戈尔和希拉里·克林顿而当选。国会选举中也发生了同样的事情。在2016年的众议院选举中，尽管大多数美国人投票给了民主党，但共和党的当选人数还是超过了民主党。

安田：您指出，美国中收入阶层和低收入阶层的工资已经很久没有上涨了，您认为主要原因是在政治方面还是经济体系呢？

安田洋祐在听取斯蒂格利茨对美国经济的思考

斯蒂格利茨：这是政治和经济体系相互作用的结果。首先，政治方面的问题是一直没有提高最低工资。

在经济全球化进程中，美国的工人受科技发展推动的影响，被迫与中国、孟加拉国等国的廉价劳动力进行竞争。结果是他们的工资下降了，但政府对他们则是见死不救的态度。

想帮的话，其实应该是可以帮得到的。克林顿民主党政权时代，我从1993年开始担任总统经济咨询委员会委员，1995—1997年担任该委员会委员长。在此期间，我曾试图去帮助那些因经济全球化而失业的人，但终因共和党的反对而未能实现。因为共和党与企业的利益是捆绑在一起的。

4. 日本提高消费税率的做法欠妥

安田：我想请教您一个关于日本的问题。2019年10月开始，日本将把消费税率提高到10%。对这次增税，有人赞成，也有人反对，大家各执己见。而经济学界也有着各自不同的观点，不知您是怎么看的？

斯蒂格利茨：在全球经济增速放缓的这个节骨眼上，我对日本的增税感到非常不解。我认为，无论是日本经济还是全球经济，都属于非常困难时期。因为全球经济将陷于停滞。美国和欧洲都面临着同样的问题。特朗普的贸易保护主义政策实际上是与所有国家为敌的贸易战。此外，美国和伊朗之间的局势日渐紧张，给全球局势带来了更多不确定性。没有人知道是否应该投资，应该往哪里投资。受此影响，全球经济一直处于停滞状态。可是，我们没有任何手段来应对这一情况。正如美联储（FRB）主席所认为的，降息不能抵消不确定性的影响。降息也许会有一些效果，但实现不了经济复苏。

许多人认为，美国经济处于历史性的低失业率时期。

但我对美国经济感到担忧。很明显，美国经济失去了增长的动力。

尽管2017年12月大幅调整了税收制度，并实施了1.5万亿到2.5万亿美元的减税措施，但美国目前的经济增长率也只是勉强超过2%而已。还有经济学家预测说，未来将低于2%。2018年2月，政府支出增加3000亿美元，2019年夏天再次增加了3000多亿美元。财政赤字接近1万亿美元，相当于GDP的4.5%。政府采取了这么大规模的财政刺激，而且又是在持续实行低息政策的背景下，经济增长率却仍然是2%多一点。这能算是好的经济状态吗？

如果考虑经济周期的话，2019年8月应该已经开始出现大量的财政盈余，经济开始出现好转。然而，事实并非如此。当下，美国经济如此疲软，要是万一遇到什么较大的突发性问题，事态会更为严重。

欧洲也有类似的问题，德国经济不景气。对于因欧元而滋生出各种不确定性因素的根源，欧洲越来越束手无策。所以，在全球经济增速放缓的情况下，我觉得日本进行增税是不合适的。

多年前我就说过，如果日本非要在这种情况下坚持实行增税的话，那也应该是引入碳税，而不是提高消费税。

5.碳税能一举两得

安田：您是说可以用碳税代替消费税？

斯蒂格利茨：是的。引入碳税，将加速从环境损害型经济向绿色经济的转型。这不仅有助于改善地球环境，也能达到刺激经济的目的。因为只有通过投资，企业才能实现向绿色经济转型。换句话说，引入碳税，既可以增加财政收入，同时又可以刺激经济。这是一个双赢的局面。

如果迟迟不引入碳税，可能会在不久的将来遭受不利影响。欧洲在应对二氧化碳方面，先于美国、亚洲和非洲实施了非常强有力的措施。欧盟委员会的新领导人曾表示，将对不采取减排措施的国家征收边境碳税。显然，这是为了保证竞争环境的公平性。

我希望世界各国能够赞同欧洲的这一举措。虽然必须等到2021年，但如果民主党掌权，美国应该也会赞同。

安田：我也感同身受，政治方面的确有问题。这是因为作为日本经济支柱的制造业企业，强烈反对引入碳税。

即使大多数民众赞成，引入碳税也绝非易事。

斯蒂格利茨：我理解这个问题，但我的看法是，拥有全球业务的日本大企业已经在改变它们的想法。这是因为它们明白，为了在美国和欧洲销售产品，就必须进行绿色技术转型。因此，日本制造业的各企业的思维方式也将逐步发生变化。中小企业如果能意识到这一点，应该也会转向支持。也就是说，在不久的将来，在这个问题上是不会有反对意见的，只有早晚之别。要么在问题发生之前提前应对，要么在问题发生之后落后于其他国家来处理。

安田：我明白了。所以，面向未来才是解决问题的关键。

斯蒂格利茨：我认为有必要向企业和公众说明情况。世界将走向何方，需要什么样的技术来减少二氧化碳排放。必须对此进行细致的解释。

当然，中小企业或许需要比大企业更长的过渡期。安倍前首相在宣布提高消费税时，曾设想过很多例外，比如暂缓了食品消费税的提高。他在政治上非常谨慎。

关于碳税，也需要同样慎重地引入。为了减少二氧化碳排放，需要进行设备投资。大企业可能很快就能实行，但对中小型公司来说会是很大的负担，不是那么容易就能完成设备投资的。考虑这一点，必须给中小企业留有足够的过渡时间。

在引入碳税时，展示行动规划很重要。比如说，10年后日本将走向何处？必须把这些向民众和企业解释清楚。

安田：经济学家或许也能发挥作用，比如去研究如何合理设置针对利益相关方的激励措施。

斯蒂格利茨：没错。条件必须切实保持平等。细微周到的扶持政策也很重要，比如对小企业和特定产业等，要实施针对各自个别情况的精准扶持。但事先必须明确，这是临时性的扶持，只适用于从环境损害型经济向绿色经济转型的这一时期。

6.现代货币理论效果有限

安田：毋庸置疑，消费税增加的前提是存在着严重的财政赤字。不仅日本，如今许多发达国家都面临着财政赤字问题。在这种情况下，主张"货币不是商品，而是基于信用的借贷关系的记录，银行等金融机构将其记录于账册，借出时产生、借款人还款时消失"的现代货币理论（MMT）正在引起关注。理由是，它给我们提供了这样一个信息，即在通货膨胀发生之前，一切财政赤字都可以先搁到一边。

您是如何评价现代货币理论的这一观点的呢？

斯蒂格利茨：现代货币理论之所以受到关注，是因为美联储为了摆脱雷曼冲击后的大萧条，将货币基数从8000亿美元增加到4万亿美元，即增加了货币供应量。日本与欧洲的央行也分别做了同样的事情，幸好没有引发通货膨胀。

当然，没有产生通货膨胀，也可以说是因为他们的货币政策没有效果。人们对于商品的需求也没有增加。不得不说，现代货币理论的效果也是有限的。

如果增加货币供应量的金融政策没有效果，我们就不会受益，通货膨胀也不会产生。这样的政策不值得认可。如果政策有效果的话，应该会诱发一定程度的通货膨胀。

有效的政策是增加劳动人口，而不是增加货币供应量。美国和日本都拥有一定程度的剩余劳动力，即存在着许多潜在的失业者。换个说法，就相当于百分之几的劳动人口放弃了参与生产。

这些人中的大多数不具备现代经济所必需的技能。虽然不能一蹴而就，但如果重新培训这些人，劳动力市场就能扩大。另外，如果改变劳动力市场的传统和结构，让更多的女性和老年人能够参与到劳动中的话，市场也会扩大。虽然不像日本那么明显，但在美国，女性在劳动力市场所占的比例其实也不高。当然，改善这种状况需要时间。

因此，美国需要更积极的刺激政策。现代货币理论只是其很小的一部分，而"财政可以扩大"这一信息是可以理解的。比如，与其像现在这样让美联储（FRB）把钱借给银行，还不如把钱借给政府，让它进行基础设施建设更有效。当然，需要强有力的指导方针来防止贪污和浪费。但如果为了创造真正的需求而使用资金的话，终归会对经济产生好的影响。

安田：这样做才会产生真正的效果。

斯蒂格利茨：即使把钱借给银行，银行也只是把钱存入美联储（FRB），这就相当于只是政府在支援银行而已。因此，仅仅靠政府和银行之间的货币流通，是解决不了任何问题的。

安田：类似的事情在私人企业也有发生。他们竞相回购自己公司的股票，没有进行真正的投资。

斯蒂格利茨：这在美国是个大问题。特朗普政权把2017年12月的"特朗普税改"吹捧为减税政策。但在实际实施之后，享受减税的只有大企业和亿万富翁；而对大部分美国人来说却是增税，工资只涨了一点点。并且，企业没有将因减税所获的多余资金用于投资，而是几乎全部用到了回购自家公司的股票上。

最终，特朗普税改实施后，也没有达到预期的经济增长。我们认为这是"高糖效应"[1]（sugar high）。只有一两次达到了3.5%和3.1%的季度增长率，现在已经回到了

1　吃糖后暂时的兴奋状态。——译者注

彻底停滞的状态，即留给我们的"礼物"是财政赤字。我们承受了如此巨大的财政赤字，却几乎没有得到任何回报。

安田：这确实是美国资本主义的一个严重问题。

斯蒂格利茨：没错。不平等是美国经济中的一个非常深刻的问题，这已经反反复复说了很多次。

7.数字货币能提高交易效率

安田： 关于经济不平等、收入差距问题以及进步的资本主义，我想稍后再详细请教。在此之前，我想听听您对近年来备受世界瞩目的数字货币的看法。

自20世纪末以来，随着数字技术的快速发展，近年来的经济活动中出现了许多新型的服务、商务和制度，比如最近引起热议的Libra，这是脸书（Facebook）推出的一种新型数字货币。我想听听您对于包括比特币之类的加密资产（虚拟货币）、私人银行发行的数字货币、信用卡等在内的新型货币的综合评价。

斯蒂格利茨： 总的来说，我认为数字货币是好东西，但我坚决反对像Libra这样的"加密资产"。

如果数字货币进一步普及，交易会变得更有效率。另一方面，面临的一个很大的障碍是市场支配力，即维萨（VISA）、万事达（Master-card）和美国运通（American Express）的市场支配力。有些国家已经解决了这个问题。如澳大利亚通过监管限制了他们的市场支配力。有能够参与交易并且竞争的平台，对数字货币的普及非常重要。

8.助长非法行为的加密资产

斯蒂格利茨：我反对加密资产，因为它会损害交易的透明性。国际社会在过去20年里，为提高金融系统的透明度付出了种种努力，以杜绝使用秘密账户进行洗钱、逃税以及毒品交易等违法行为。

我无法想象，我们的社会竟然会容许"如果使用电子平台，交易可以秘密进行"这样的事。普通平台上不可能的事情，到了电子平台上就可以为所欲为，这简直太荒唐了！如果加密资产一直是一个"密码"，那恐怕它既不会成为重要的货币，也不会获得许可吧。

目前，由于市场支配力不强，关注加密货币资产的人并不多，美国和欧洲监管机构的回应是"市场支配力强大了就予以禁止"。如果是那样的话，Facebook会说"我们服从所有的监管"，于是所有监管机构都应该将确保透明度作为自己的义务。然而，透明与加密是不相容的。

安田：是啊，它们之间存在着根本矛盾。

9.世界不需要Libra

斯蒂格利茨：此外，加密资产还存在一系列宏观与微观方面的问题。如果不能确保透明度，宏观经济政策的管理将变得非常困难。

Libra也有作为"货币篮子制"的问题。所谓"货币篮子制"是指，将主要货币按相应比例放进"篮子"，让本国货币与这个"篮子"的加权平均值联动的兑换制度。Libra就是采用了"货币篮子制"，通过多种法定货币和资产来证实它的价值。虽然这种制度对于进行分散损失风险对冲交易的大投资者来说可能是很好的，但对普通人比如对肯尼亚的农民来说，货币篮子制完全没必要。对于各国特别是新兴国家和发展中国家的人们来说，需要全球都能放心使用的货币。

那些构想了Libra的人可能没有研究过所有应该考虑的问题。它是否会成为人们的支付手段？是否会造出助长违法行为的加密资产？世界究竟需要什么样的货币？进一步说，他们自己想要做的事情到底是什么？很遗憾，我只能认为他们没有好好想过这些问题。就这样，他们推出了世界不需要的东西。

斯蒂格利茨畅谈自己所认为的数字货币的利与弊

安田：也就是说，如果是保证交易透明性的数字货币的话，那就没问题。但您是反对破坏透明性的加密资产，对吧？数字货币除了具有效率性之外，从让所有人都能以低成本便捷地利用他们所需的金融服务，即金融普惠性这一角度来看也有优点。Facebook也坚持这一点。

斯蒂格利茨：这是作为支付手段的优点。即使不使用加密资产，肯尼亚的金融普惠性也非常出色。因为有竞争，交易成本也很低。我不认为Facebook会将Libra作为一项公共服务来普及，它完全是为了营利！而且，它也没有打算进行竞争，Facebook只想垄断市场。我发自内心地认为，应该提倡金融普惠性，但作为前提，最好是能有激烈到几乎没有利益的竞争。这就需要有一个基于本国货币的、具有竞争的平台。归根结底，这是一个关于你的目的到底是什么的问题。

10.不平等是美国资本主义的病理

安田：我们言归正传。一直以来，您指出，美国资本主义的严重问题是不平等。请您具体谈谈这个问题。

斯蒂格利茨：正如前面所说，最大的问题是，由于经济不平等，民主主义社会正面临危机，同时它对经济本身也产生着严重的不良影响。经济不平等对整个经济的严重影响之一，是总需求和投资的减少。贫困阶层把到手的钱几乎全部用于消费，而富裕阶层只将资产及收入的一部分用于消费。因此，制造不平等，把财富集中在富裕阶层的话，总需求就会减少，从而投资也会减少。但是，促进不平等的政策从里根时代开始就一直持续着。

还有一个很大的问题是各个行业正在增加垄断企业。虽然谷歌（Google）、亚马逊（Amazon）、脸书（Facebook）、苹果（Apple）作为四大新式垄断企业成了关注的焦点，但事实上，在许许多多的行业——哪怕是狗粮，集中也愈演愈烈。也就是说，激烈的竞争已从美国市场消失。电话费很贵，许多其他领域的价格也很高。这就是通货膨胀调整后的工资没有增加的原因之一。

11.对于消除不平等,再分配不可或缺

安田:一直以来,您坚持主张消除差距。消除不平等的最直接方法是再分配,但也有提高最低工资的办法。日本的政策制定者们正在积极讨论着低工资问题。关于提高最低工资这个方法,请您谈谈您的看法。

斯蒂格利茨:《进步资本主义》中的一个主题就是针对解决差距与不平等问题的综合计划,涉及经济的游戏规则和再分配两个方面。我们往往过于关注税额扣除等措施,而忽略经济游戏规则对于扣除前的收入之影响。实际上,这一点更重要,如果扣除前的收入差距能做到更小的话,就不怎么需要再分配了。所以,最重要的是改变这个规则。

为了使扣除前的收入更接近平等,重要的便是消除垄断企业的力量以增强劳动者的谈判能力,强化工会,还有重建全球化以保证劳动者的薪酬稳定等。提高最低工资也是其中之一。正如我在一开始所说的,美国通胀调整后的最低工资与60年前处于相同水平(剔除物价影响后的实际工资与60年前一样)。难怪许多最底层的人在为生活

而苦。

但这不会在一朝一夕之内就得到改变。所以，再分配不可或缺。此前，一些经济学家提出过一个方案，这是连美国保守派都在内的很多人支持的方法，是被称为带补贴的工薪税额扣除制度。就是说，除了适用税额扣除外，对于工薪收入低于最低税收标准的人，向其发放补贴，实施工资补助。比如，工资是每小时8美元的话，政府补贴每小时16美元，时薪就可以增加到3倍。当然，这一制度的目的是提高人们的劳动积极性。

安田：重新认识经济游戏规则与再分配，是应对经济不平等综合政策的重要前提，而提高最低工资也是这些政策当中的一项措施。对吧？

斯蒂格利茨：没错。虽然这只是一个例子，但意义很大。

安田：在发达国家中，日本和美国的最低工资处于非常低的水平。换个角度来看，这或许还存在着提高最低工资的空间。

12.高薪酬能促进创新

斯蒂格利茨：这一点毫无疑问。我曾对斯堪的纳维亚半岛诸国进行过研究，他们在全面接受全球化和技术飞速发展的同时仍保持着较高的生活水平。非常有趣的是，高工资诱发了创新。理由很简单。因为制造企业要想维持高工资，就不得不去思考必须提高生产效率的办法。斯堪的纳维亚半岛诸国的人们确信，高工资能提高生产力。

美国的生产效率如此之低是因为工资低。另外，不会去投资探讨工资与生产率之间关系的研究，也不会去投资社会基础设施，让那些不具备特殊技能的劳动者去提高他们的劳动生产率。

安田：有一种假设认为，工业革命最先发生在英国，是因为当时英国的平均工资与其他国家相比更高。或许当时的英国企业有过这样的动机，即为了留住高薪工人，就必须引进新技术。

斯蒂格利茨：是的。这是关于工业革命的一个普遍说法，认为工业革命是由高工资所诱发的。

安田：提高工资不仅可以促进收入差距的缩小，说不定还可以促进新技术与创新的诞生……

斯蒂格利茨：没错。美国也曾经发生过这样的事情，1929年爆发经济大萧条时，富兰克林·罗斯福总统果断实施的重要政策之一就是在整个国家都设定了最低工资，不仅在北部的工业地带，其他地区都是如此。

在美国南部，对非裔美国人的歧视有着悠久的历史。奴隶解放运动之后的今天，他们仍然遭受虐待，曾经的奴隶们被"隔离"起来，以极低的工资受着剥削。结果是，南部的经济失去了活力，比美国其他地方要穷得多。

还好，由于设定了法定最低工资，南部摆脱了以剥削为基础的经济。适应新产业振兴的迫切需要，当时的亚特兰大等城市得到了发展。虽然现在跟美国其他地区相比也不富裕，但差距算是缩小了。

13.数字社会的新剥削

安田：您用了"剥削"这个词。有人指出，现在，劳动者被剥削的方式正在出现新花样。比如在优步（Uber）等被称作零工经济[1]的、迄今为止未曾有过的共享经济市场，剥削正在滋生。不知您如何看待这种新型的剥削？

斯蒂格利茨：这是非常严重的一个问题，也是我认为有关劳动者权利与组织工会需要更广泛立法的原因之一。美国也有工会试图将分散的工人团结起来的动向。过去，工会曾集中在钢铁厂等地方。现在，工会试图将在不同企业工作的人以及个体运营的出租车司机等团结起来。纽约通过了关于出租车司机最低工资的条例案。根据我们的调查，条例案通过之前，纽约出租车司机的平均工资是6美元/小时。

安田：什么？只有6美元！

---

1 通过互联网接受或预定零星业务的工作方式以及由此而形成的经济形态。——译者注

斯蒂格利茨：是的。如果算上等待时间的话，就处于比最低工资还低的水平。新技术使我们能够精确地计算出出租车司机的等待时间。我们使用这些新技术所进行的研究表明，出租车司机被剥削得"体无完肤"。在纽约，干出租车司机是一项危险的工作。但是，由于工资很低，他们每天不得不长时间地工作12—15个小时。

安田：出租车司机等职业，有不少连养老金之类的社会保障也没有……

斯蒂格利茨：你说的没错。社会保障的范围必须要扩大，不仅是养老金，健康保险在内的其他形式的社会保障也应该扩大其范围。

14.新的社会契约

安田：您在新书中强调了社会契约和社会资本的重要性，并认为这是解决您提到的社会问题之办法。可是，社会契约的概念能不能在企业管理者身上实现呢？我怎么感觉非常困难……

斯蒂格利茨：我所说的进步资本主义的一个方面在于市场与国家以及市民社会能融为一体的新型社会契约的必要性。对此，新自由主义将市场摆在了最重要的位置，而将其他的一切都排在了后面。我们必须让它保持平衡。

如果您提问的中心意思是：通过企业的自发行为，能够实现社会契约吗？那答案是否定的。自发的企业行为固然重要，但不能被完全信任。至少在美国社会，总会有一些企业为了追逐短期的利益而破坏规则。比如，关于劳动条件，在主动履行社会契约、改善雇佣条件的企业与不自愿履行社会契约的企业之间，竞争条件是不一样的。

美国人非常清楚，他们不能仅仅依靠信任和信用，比如，几乎所有的大学都希望提供高质量的教育。然而，特朗普创办的特朗普大学却只会收学费和剥削，还无法授予学位，后来被以前学生以涉嫌诈骗营销而起诉，目前处于停业状态。就连总统都是剥削的象征，因此美国人知道绝不能依靠、信任总统。所以说，我们需要规则，必须制订诸如"如果收取学生学费，就必须实实在在地向他们提供相应的'回报'"这类规则。当然，这对于许多大学来说是理所当然的事情。只有制订规则，才能防止心怀叵测的企业以及法人钻空子。

这样的例子还可以列举很多。我曾做过制造清凉饮料的企业的顾问。当时，一位女性CEO很担心清凉饮料对儿童糖尿病的影响。现实却是，即使该公司停止生产含有大量糖分的清凉饮料，其他的竞争公司依然会生产和销售这样的饮料。因此，即便你不想卖，但为了在竞争中获胜，你也不得不去卖。但是，如果有了对儿童销售的限制，有了对儿童饮料的配料以及含糖量等的规制，那么所有的公司都将面临相同的竞争条件。那些想为儿童生产放心合格产品的人，就能实现他们的心愿。

安田：所以您认为，立法和规制等经济政策有助于建立社会契约。

斯蒂格利茨：完全没错。

15.经济的终极目标是提高幸福度

安田：现代资本主义从以第二次产业革命为中心转向了第三次产业革命，现在正在转向甚至在概念上被称作第四次工业革命的时代。然而，这些变化似乎并没有给社会带来真正的富裕。您认为我们是不是应该改变对"富裕"的理解和看法？如果是的话，这能实现吗？

斯蒂格利茨：经济的目标是增加每个人的幸福感。人们想过上幸福的生活，就需要健康、教育、食物和住房等。以前，人们曾认为有形的物质商品——衣食住行比什么都重要。而在现代经济中，只要用2%的劳动力，就可以生产出人们所消费的所有食物；用大概8%的劳动力，就可以生产出食物以外的所有有形商品。也就是说，大部分的劳动力都能用于有形商品以外的生产。

于是，人们的幸福不只局限在满足衣食住行需求的有形商品上。人们的幸福涉及方方面面，比如看电视、看电影、读书、参与社交等。因此，我们必须改变对"经济"这一概念的理解。传统经济主要侧重于物品的生产。企业的目标是生产能成为该企业代名词的热门产品，但现代经济则不同，创新经济和数字经济，不会跟曾经的制造业经济或古代的农业经济一样地发挥作用。这是一个非常大的变革，我们必须改变对"经济"这一词的含义、经济的作用等的认识。

16.一物一价经济法则的崩溃

安田：您认为现代经济和传统的物质至上的经济,它们之间的最大区别在哪里呢？

斯蒂格利茨：有许多不同之处。其中之一就是,创新经济与数字经济把大部分成本花在前期投资上。比如,电子书没有印刷或流通成本,需要的只是内容的制作。

这类行业的特点是成本集中度较高,因此具有很强的市场支配力。我们更应该警惕这些企业有可能带来的市场支配。

另一方面,这些技术的优势其实在于能不增加碳排放而提高生活水平。比如,我们可以不用乘坐交通工具出席会议,就能在线开展意见交流。

安田：您说的这些是供给侧的变化,还有需求方面的变化之一就是市场匹配。在以往的经济中,市场交易通常是匿名展开的。大多数情况下,消费者在购买物品时,不会注意谁是卖家。另外,生产者和销售方也不会在意买家是谁。对于两者来说，重要的是商品的价值和价格，这也是许多传统经济理论的观点。但是，在当今的服务（交易）中，买方在乎卖方是谁，卖方也对买方是谁感兴趣。

斯蒂格利茨：这里有个关于个人信息的大问题。现代技术收集了大量的个人信息。甚至有人说，数据是一种新的资源。这是因为有了数据，就可以开展价格差异化营销，或者可以通过目标广告榨取消费者。这会产生新的不平等。它将动摇迄今为止的市场经济的根基。

市场经济之所以发挥作用，是因为有一物一价的原则。但在当今，比方说乘坐飞机，坐在我旁边的人可能用了我一半的价格购买机票。且这种情况正在增多。在美国，有些企业会根据消费者的居住地而制定不同的价格。通过调查消费者住所附近有多少店铺，对附近没有店铺的消费者设定较高的价格。

因此，技术的发展在个人隐私以及榨取消费者并产生新的不平等方面具有负面影响。而且，以这样的技术为武器开展经营的企业也有成为垄断企业、增强市场支配的可能。究其根本，这些问题都是由新技术所引起的。

17. 预测不了经济危机的"标准模型"

安田：您前面指出的经济不平等对总需求的影响，直观上是可以理解的，但我认为所谓主流派的宏观经济学家们并没有接受这一假设和模型。而这正是主流派经济学的问题所在。不知您是否认同？

斯蒂格利茨：的确如此。很多经济学理论都没有起到很好的作用。不仅没能预测到2008年的全球金融危机，而且当时他们还说过："不可能，市场是理性的。"经济学的主流在于危机，经济危机给经济学的主流带来了危机。现在的年轻学生们不愿意学习主流经济学，而是在研究新的经济学，因为他们已经意识到了有些事情正在朝着错误的方向发展。

奇怪的事情还有很多。比如，经济学家使用的标准模型和"代表性的行为个人"，他们通过假设"所有消费者都具有相同的特征"，来简化微观层面的行为与宏观层面的变量之间的关系。主流经济学家说："所有（消费者）都是一样的。"但请设想一下，如果大家都一样的话，就不会产生不平等或差距，也不会引起分配问题。

安田：的确，"代表性的个人"模型中没有涉及对分配问题的讨论。

斯蒂格利茨：但实际上，分配才是我们的社会所面临的最大挑战。换句话说，对于严重的社会问题，主流经济学创造了一个毫无用处的模型。他们声称"人类有合理的预期，并且知道会发生什么"，但他们错了！标准模型无法应对气候变化，人类不知道会发生什么样的气候变化。换句话说，他们甚至都没有一个正确的环境模型。

因此，主流经济学在许多意义上都是不完整的，也无法向政府提供政策建议或建言。

18. 新的经济模型

安田：正如您所指出的，主流经济学家无法说明的重要课题有很多，即便如此，也没有出现能取代"标准模型"的新模型。在这个意义上，主流的新古典经济学似乎还是非常强有力的。

斯蒂格利茨：这个观点我不大认同。因为现在已经有许多模型开始取代标准模型。

安田：是已经出现了这样的动向了吗？看来我并没有关注到这方面问题。

斯蒂格利茨：是的。这是一个非常大的趋势，主要关于微观经济学，而宏观经济学适应得比较慢。微观经济学有针对不完全竞争市场的博弈理论，也有融合了心理学、决策理论、经济学以及社会学的行为经济学。有许多证据表明，普通人不会像经济学家那般理性。丹尼尔·卡内曼和理查德·赛勒的行为经济学研究已经获得了诺贝尔经济学奖，就连世界银行也面向世界发表了关于行为开发经济学的报告。

对于信息不对称理论，我也发挥了作用[1]。当存在信息不对称或信息不完善时，市场会在"任何时候"——不是某时或某种情况下——出现与新古典派或新自由主义经济学派的模型完全不同的变化。

关于网络相互依存的研究也取得了进展。有对欧洲中央银行和英格兰银行的研究，这是关于某一组织的失败导致另一组织失败的机制之研究。美国中央银行至今仍然深受传统经济学的影响，他们无法理解为什么仅仅雷曼兄弟一家银行的失败，便会导致全球金融体系的崩溃。危机之前，我们在哥伦比亚大学和宾夕法尼亚大学做研究，曾向大家预示过这种可能性。然而，那些所谓主流经济学家们对此不感兴趣，没有予以重视。

如今，新的模型至少在欧洲已经普遍赢得人们关注，在美国也开始有人关注。在经济学领域，无论是年轻的研究者还是资深的研究者，大家目前都开始意识到了新经济学的有用性。可是，一群处于经济学主流、年轻时被灌输

---

[1] 信息不对称是美国理论经济学家肯尼斯·阿罗在1963年首次提出的经济现象。斯蒂格利茨曾因对该理论的贡献，于2001年获得了诺贝尔经济学奖。——译者注

了新古典派理论的经济学家却在苦苦挣扎。他们一边怀疑新的经济学的有用性,一边以新古典派的思想为基础埋头研究,继续写着自己的论文。要让他们放弃,他们不犹豫那才怪!

安田: 即便跟其他社会科学领域的学者们相比,他们中的大多数也似乎非常保守。

斯蒂格利茨: 所以,他们已经不是什么主流了!研究市场需要经济学、心理学和社会学的真知灼见。市场有时候会不按传统经济学所说的那样运作。

19.走向服务业为主的日本经济

安田：最后，我想请教一个关于日本的问题。日本曾经是世界经济第二，但今天的日本还能称得上是发达国家吗？近50年来，单位时间的劳动生产率在发达七国（G7）中一直排名垫底，瑞士商学院 IMD "世界竞争力排行榜"2019年版中，日本在经合组织（OECD）成员国中排名第30位。在亚洲，中国自不必说，日本如今甚至还落后于马来西亚、泰国、韩国。

"二战"后，日本在很多方面一直在追赶美国。在制造业方面，日本向美国和西欧各国学习技术，并在此基础上加以改良并赋予新特征，从而实现了自身的发展。我觉得这个同时有好和不好的一面，结果就是日本成了现在的样子。

请您结合日本的文化和日本人的特质，谈谈今后对日本的建议。

斯蒂格利茨：我非常看好日本。大家可能没有充分了解日本对国际社会的贡献。比如，日本的制造业仍在按照日程有序地开展工作。没记错的话，日本的汽车行业的生产率应该是高于美国的。美国可能发明了原版，但日本将其改进得比原版还要好。这是日本的一大特长。此外，日本漫画和动画对美国文化有着巨大的影响，饮食文化也深受美国人喜爱。

如果一定要说当前日本最紧迫的挑战，那就是从以制造业为中心的经济向以服务业为中心的经济的转型。当然，日本在今后，制造业也会比其他国家占据更重要的位置。这是因为日本拥有非常好的、先进的技术。

安田： 希望果真如此，可是……

斯蒂格利茨： 日本拥有尖端技术。另一方面，比如在美国，制造业的雇佣人数仅占全体的8%~9%。也就是说，美国经济的基础不在制造业，雇佣的大部分集中在服务业。因此，日本为了提高生产效率，需要把以高生产效率为傲的制造业的经验活用到服务业中去。在各个方面，让制造业的知见、技术与服务业结合起来。

我来举一个例子吧。日本面临的一大课题是老龄化问题，即需要养活一大群老年人。健康产业是重要的成长领域，而诊疗工具的开发是现代健康产业的主要领域之一。

日本拥有这方面的技术。健康产业如果能成为主导产业的话，既能为日本经济增强实力，也能在不久的将来成为出口产业。因为每个国家都会迎来老龄化，先进入老龄化社会的日本正好可以做这场竞争的领头羊。

安田：这才是日本的优势啊！

斯蒂格利茨：是的，一点儿都没错。如果日本能发挥技术优势，开发出有利于老龄化社会的诊疗工具，那肯定也会成为出口产品。

20. 日本不应追随美国的"切割"

斯蒂格利茨：回顾美国社会，我们发现美国的经济已经有 40 年没有发挥其应有的作用了。它曾经非常强劲，第二次世界大战后的世界一度由美国支配着。"二战"后长达 25 年的时间里，对许多美国民众来说，他们曾有过一个运转良好的共生社会。但是，自 20 世纪 80 年代罗纳德·里根登上总统宝座之后，情况一下转向了不好的局面。经济停滞不前，仅有的一点点红利也被最富有的 1% 的人所垄断。

也就是说，效仿美国的国家都会犯一个错误：不重视广泛的社会价值，而去强调追求利益最大化的股东资本主义。事实证明，美国式资本主义的许多规则都会对整个社会产生不良影响。

美国的企业最近才开始承认这方面的错误。1972 年成立的、以美国 200 强企业为会员组成的商业圆桌会议中的大多数会员企业，最近都对采用"利益相关者资本主义"达成了共识。美国的经济界不仅要为股东，而且还要为员工、顾客、消费者和社区等所有利益相关者带来经济利益。这是经济界的责任。这与20世纪七八十年代米尔顿·弗里德曼推动并最终导致修改法律时的思想是不一样的[1]。

我们正处于改革的进程中。无论叫什么名字：进步资本主义、社会民主主义……有一点可以肯定的是，过去的模式是不好的，必须改革。

我的心灵导师之一是日本的宇泽弘文先生。他是第一位在美国大获成功的日本经济学家。宇泽先生当时就指出了环境、社会基础设施、教育、医疗等社会共同资本的重要性。在大多数人都漠不关心的时候，就开始担心环境的破坏，对汽车尾气等的污染性也敲响了警钟。

我认为，现阶段日本的主要课题是如何提高服务业的生产效率，更重要的是认识到社会共同资本的重要性，找到切实恢复并维持日本过去平等主义社会的方案。我们不能像美国那样形成一个高度分断的社会。宇泽先生离开美国的理由之一就是不希望自己的孩子在美国那样的环境中成长。

安田：听您提到"利益相关者资本主义"，我想起了

---

[1] 米尔顿·弗里德曼是生于1912年的美国经济学家。他主张市场原理主义、金融资本主义等，并反对物价与工资控制、农产品收购价格保障制度、进口关税等政策，于1976年获得诺贝尔经济学奖。——译者注

日本著名理论经济学家宇泽弘文

宇泽弘文的作品《论经济增长的双部门模型》

日本近江商人的"三方好"理念。即"卖方好、买方好、社会好",必须是对生产者、销售者、消费者以及社会所有利害关系者都有利的商业活动。在大部分现代日本企业都效仿美国,采用股东资本主义的今天,我们或许应该回到旧的习惯。

宇泽老师的"社会共同资本"概念与最近流行的"可持续社会"概念很相似。恐怕他是走在了时代的前列。

斯蒂格利茨: 是的。宇泽教授的确是领先于时代的。

[**新冠疫情发生后，2020年4月3日的采访**]
21.未知的领域

丸山俊一：纽约的情况怎么样？很严重吗？

斯蒂格利茨：现在整个城市笼罩在焦虑之中。万籁俱寂，唯一能听到的是救护车的警笛声。然而，每天晚上7点，人们都会打开窗户，为医护人员加油。虽然充满了焦虑，但非常团结。

纽约市民逐渐开始适应这种生活。就像新冠疫情发生前那样，为了能继续与亲近的人一起生活，通过Zoom等工具，享受远程晚餐和鸡尾酒会。

我能感觉到大家对此非常适应。我持续着每周两次的远程讲座，小孙子的学校也继续上网课。孩子们虽然不能一起玩耍，但跟以前一样上学。他们的适应能力令人惊讶。

丸山俊一：人们担心全球经济会同时出现显著的衰退。您对世界经济的未来有什么看法？可以跟我们分享一下您的短期和长期预测吗？

斯蒂格利茨：从短期来看，目前经济正在下滑。所有的人都讨厌跟人接触，所以我们无法去购物、去餐馆吃饭或参加活动，也无法去工作。经济理所当然就这样停下来了。

如果疫情发生在25年前的话，估计情况会更加悲惨。今天，科学技术进步了，通过使用IT设备和通信网络，许多人可以在家工作。我也可以足不出户地给学生们上课。

但是，如果这种情况长期持续下去的话，问题将会越来越严重。许多人会面临流动性问题，家计维持和企业经营会逐渐恶化，总需求会减少。家计维持和企业经营恶化，会导致消费降温。也就是说，"社会距离"这个我们不大习惯的概念所引发的问题将转化为我们熟知的流动性、总需求这样的棘手问题。当然，也会一并出现供给侧的问题。

我们处在不得不去挑战未知领域的局面，需要相当的深思熟虑。

丸山俊一：据说这是比雷曼冲击更大的危机，您认为应该实施什么样的金融财政政策或者对策呢？

斯蒂格利茨：我想先谈一下美国如今的情况。应对健

日本街头公园中,专业人员正在进行消杀作业

为了防止传染,排队间距超过 1 米的人们

康危机的各种措施,是最应该优先做的事情。也就是去支援医院,确保口罩、人工呼吸机和医疗设备的供应。确保应对健康危机的医院,以及美国所有州、城市的地方政府资金。第一个优先事项就是应对这些健康危机的对策和措施。

第二个优先事项是扶持贫困阶层。根据社会保障制度和贫困状况,各国的措施也会有所不同。在美国,原本就有很多人生活条件非常艰难。许多人的积蓄甚至不到500美元,但凡有一次薪水不能及时发放,他们就会陷入悲惨的境地。所以,必须迅速地给这些人发放补贴,送去温暖。

可是,不幸的是,特朗普政权没有发挥这一作用。发放补贴的速度远远跟不上。最初,特朗普曾表示在两周内发放支票,实际上人们收到申请就已经花费了两周的时间。这样,对于登记在纳税台账上的人,支付给他们至少还需要3周的时间。对于低收入的非纳税者来说,他们的名字不在纳税台账上,据说发放要延长至9月了。这样就不是紧急援助了,这是政府的失职。

维持雇佣保险也是有助于恢复经济的重要措施。丹麦和英国先后采取了各种措施。

第三个优先事项是防止企业破产的措施。企业一旦破产，当疫情结束后它将无法进行经营活动。为了在健康危机后重振经济，我们不能让公司破产。

当然，企业救济会有先后次序，因为政府的预算是有限的。众所周知，美国的财政赤字在这次危机之前，就已经接近GDP的6%；现在，正逼近占GDP的15%。对于进一步采取其他对策的必要性，已经形成了共识。那就是，美国将承担巨额财政赤字，即举国家债务才能走出这场危机。因此，关于提供资金的优先次序，应该在深入而慎重考虑的基础上作出决定。

经过2017年的税制改革，美国的企业获得了大幅减税。许多大公司将减税所得到的剩余资金用于购买自家公司股票，仅短短1年内，其规模就达到了1万亿美元，而我们现在被要求去救助这些企业。

所以，必须决定合理的优先顺序。比如，游轮对环境有害，而且对经济也不重要，这是显而易见的。我们应该把这场危机作为促使经济向绿色转型的机会。究竟哪些企业和经营活动，会使我们的经济变得更强呢？应该在思考这一问题的基础上来决定优先次序。

22.走出对全球化的依赖,实现经济自立

丸山俊一:明明是一个全球化发展迅速的世界,各国的感染情况却存在着显著差异……

斯蒂格利茨:我每天早上都会查看各个国家的感染人数等,但情况存在着很大差异。一些国家疫情控制得很好,但也有一些国家未能在早期阶段做到这一点。如韩国就是一个应对很到位的典型。

另一方面,美国的感染人数增速是世界上最高的,因为特朗普总统在疫情扩大之初,将新型冠状病毒低估为类似流感的病毒,所以应对措施极端滞后,令很多人失去了宝贵的生命。我认为,特朗普总统应该为此承担责任。

各国的感染情况存在着显著差异,展示了优秀的领导层实施正确政策的国家能够有效应对疫情的事实。在这些国家,应该已经有证据表明,病毒是可以防控的。显然,越南、韩国、新加坡等亚洲许多国家都实施了正确的防控措施。

当然，这并不能保证这些国家未来能够稳定地控制病毒。因为我们生活在由全球一体化与全球经济体制所高度整合的世界之中，病毒很容易就能突破国界。

因此，我们需要重新审视世界一体化、全球经济一体化的另一面。日本以出口导向的产业结构实现了其经济发展。其他亚洲国家也一样。然而，在全球经济萎缩，尤其是美国经济下滑之际，像日本这样的出口依赖型经济无法避免地遭受冲击。为了彻底摆脱这种体制，我们将对各自作为全球经济之一员并依赖于全球经济的现状作出新的反思。在许多国家，出现了与疫情之前相比要更加重视经济自立的思想。

这并不意味着我们要闭关锁国。当然，也有反思者认为，连口罩都不在国内生产而一度依赖进口的美国，不具备应对这场危机的能力。

23. 化危机为变革的机会

丸山俊一：各国人民都在为疫情后的经济复苏而努力。盼望经济复苏是情理之中的事，问题是我们应该瞄准哪里呢？纵观历史，我们应该保护哪些体系，又应该改变哪些体系呢？

斯蒂格利茨：经济复苏及其先后顺序，我认为可能是我们将经济从传统经济转型为21世纪的经济时可以利用的机会。举个例子，21世纪的经济必须要更重视环境保护。

在疫情之前，我们已经面临了气候变化的危机。在我看来，真可谓是"危机四伏"。在美国，自然灾害导致GDP损失了2%。在澳大利亚，发生了大规模的森林火灾。在经济从疫情复苏的过程中，我们应该扩大对可再生能源的利用，将复苏作为环境保护的机会。这是我所考虑的第一需要优先的事情。

在疫情之前，我们面临的另一个危机是贫富差距和不平等。

毫不夸张地说，世界上大多数国家已经处于这场危机之中。富裕阶层与贫困阶层的收入差距已经扩大到不容忽视的地步,这与美国和欧洲一些国家所面临的政治问题密切相关。我认为这也是一个危机。出生在富裕家庭的人与出生在贫困家庭的人的平均寿命相差数年之多。这严重动摇了我们所信奉的平等价值观。

在疫情后重建经济的时候,必须采取有利于建立更公平、更平等的社会的经济措施。

丸山俊一: 的确,有人担心受疫情影响,收入差距和贫富断层会进一步扩大。因此为了经济稳定,什么样的经济政策更为有效呢?或者说,哪些政策会导致经济不稳定?为了实现平等需要什么呢?

斯蒂格利茨: 很明显,贫困阶层的新冠死亡率更高。看上去,这个病毒专找有基础疾病和健康状况不好的人。在美国,越贫穷的人,就越有可能患有慢性病并处于亚健康的状态。

有人说,美国人的平均寿命在特朗普上任之后有所缩短。新冠病毒将对美国人的平均寿命产生前所未有的严重影响。

在纽约这样的大城市中,我们正在努力构建一个人人都能获得医治的体制，希望可以让每个人都能接受检查。本来，很多人都怀疑测试的公平性，认为越是精英越容易接受医疗检查。特朗普政权的失误之一是医疗检测不充分，这是造成疫情扩散的一个原因。特朗普政府没有向负责控制传染病的政府机构 CDC（美国疾病预防控制中心）提供足够资金，美国更没有做好应对疫情的准备。在检测体制不充分的情况下，富裕阶层更容易接受检查的情况是不可避免的。

所有的民主党总统候选人都声称，我们长期应该做的事是将医疗权视为基本人权。同时，必须阻止食品公司为了利益而销售损害人们健康的食品的行为。在美国，由于孩子们喜欢高碳水的食品，可以预见糖尿病将在儿童中高发。

现在需要采取行动，禁止销售对健康危害较大的食品，并建立一个将医疗权视为一项基本人权、所有人都能获得医疗的体制。

24.假新闻曾是获取利益的手段

丸山俊一：GAFA的市场垄断正在加剧。另一方面，为了掌握人们出行情况，比以前获取了更多的个人信息。您如何评价这种情况？

斯蒂格利茨：GAFA越做越大，这非常令人担心。如今，GAFA市场垄断的弊端并不仅限于经济领域，还包括侵犯隐私、为了中饱私囊而使用个人信息、操纵和煽动政治以及鼓励仇恨言论等。最重要的是，GAFA拒绝对这些弊端采取行动。

关于GAFA，在此次新冠危机中发生了一件非常有趣的事情。此前，GAFA对于诸如假新闻扩散的危害，仅回复"无计可施"。然而，在疫情中，他们删除了诸如"疫苗不安全"之类的错误信息。因为GAFA已经意识到这些言论的危险性。

反过来说，为了获取更多的利益，他们迄今为止对于传播假新闻、侵犯隐私以及操纵政治等行为都放任不管。一切都是为了利益。他们任由那些来自俄罗斯和共和党间谍的假新闻和仇恨言论扩散，以此获利。我们应该阻止这种行为。

因此，关于规范GAFA行为方面，仅仅依靠抑制其垄断的措施是不够的，必须遏制他们对社会造成的无理且巨大的损害。现在，在美国以及全世界正在逐渐形成这种共识，这是令人欣慰的事情。

在很多国家，例如欧洲各国已经开始采取措施。如果这些措施奏效，这场运动将扩展到全世界，各国政府将会采取相应的措施。

GAFA提供的平台正在腐蚀民主主义，正在被反民主主义的势力利用。我们必须采取行动来捍卫我们的民主主义。

言论自由和新闻自由对民主主义而言是非常重要的权利。然而，任何人都无权在网络上扩散假新闻。无论哪个国家的宪法都不会去保护这样的权利，传播假新闻对社会造成巨大破坏。即便言论和新闻自由得以保障，在人满为患的剧场里无缘无故大叫"着火了"，像这样的权利是不存在的。这与禁止向未成年传播色情是同样的道理。扩散假新闻是一个新的大问题，我们必须制订新的规则。

25.迈向效率性与恢复力平衡的时代

丸山俊一：最后，我想就经济的恢复力（弹性）以及复杂性的效用请教您。此次疫情似乎是对各国工业和经济恢复力的考验。哈佛大学的研究指出，日本是世界上贸易性质最复杂的国家——这也是日本力量的来源。

在后疫情时代，复杂性对经济的复苏有帮助吗？日本的作用体现在哪些方面呢？

斯蒂格利茨：经济的复苏力非常重要，在疫情后的世界里，它将得到真实的体现。

市场本身无法对其恢复力作出正确的评价。赋予20世纪后半期到21世纪初的经济特征的新自由主义也是缺乏远见的。2008年，我们清楚地目睹了这一切。银行为了将短期利益最大化，构建了一个缺乏弹性和恢复力的金融体系。

为了一味追求短期收益而牺牲恢复力和弹性，会产生什么结果呢？让我们来看一个具体的事例。

在美国，许多汽车没有配备备用轮胎。因此，汽车价格稍微便宜了一些。也就是说,只要汽车不爆胎就没问题。然而,爆胎的时候,备用轮胎是必须的。尤其在地广人稀的美国更是如此。不装载备用轮胎虽然带来了短期利益,但牺牲了恢复力。如果在300千米内没有加油站的地方爆胎,那将无计可施。

新冠病毒疫情带来的医疗瘫痪已成为严重的问题。疫情之前,美国医院以没有空病床为荣;没有闲置的人工呼

正在进行远程交流的
斯蒂格利茨

吸机，也与医院的评价挂钩。只要不发生大规模灾难或传染病，就没有问题。这一"效率性"使医院经营得以保持稳定，医疗费用和保险费也比较便宜。然而，一旦遭遇疫情，便会使其瘫痪。美国医院忽视风险而追求短期利益，导致丧失了恢复力和灵活性。

美国应该在全社会层面构建一个防范风险的机构，确保全国性的医疗品储备。然而，特朗普政权作为一个以短期利益为重的典型政权，已经耗尽了储备。例如，当与人工呼吸机公司的合同到期、失效时，就无法保证呼吸机的库存。口罩和防护服也都空空如也。没错，特朗普政权创造的社会缺乏恢复力。

可以说，全球供应链也是如此，是日本发挥了非常重要的作用的领域。为了使利益最大化，找出世界上产品和零件最便宜的地方，追求效率，创造了复杂、相互依赖的供应链。然而，在这种单线型的供应链下，当任何一个地方出现无法恢复的问题而导致供给中断时，整体将陷入瘫痪。因为恢复力已经丧失。

日本特有的创新中有一种由丰田汽车公司开创的被称作 JIT（Just In Time）的技术体系。仅在必要时间内提供生产过程中各工序所需要的必要数量的零件，从而彻底减少库存、提高生产效率。该生产系统通过找出和修正生产工序中所有低效率行为，提高了生产效率。该系统通常情况下运作良好，但缺乏恢复力。如果某地发生大规模供给中断，所有的生产工程都会由于零部件没有库存而崩溃。

我们应该从这场疫情中吸取教训，重新评估经济的恢复力和弹性的重要性。我认为，日本可以在这方面发挥带头作用，因为日本有技术优势和整体思考的能力。

新自由主义目光短浅，没有充分平衡效率和恢复力。我坚信，日本能创建兼具效率与恢复力的新供应链，日本将在疫情后重新洗牌的世界经济中发挥重要的作用。

[2020年5月29日的采访]
26.已经开始探索新的规范

丸山俊一：首先，请您简单地说说近况。纽约最近怎么样？

斯蒂格利茨：纽约的疫情总算趋于结束。现在，虽然每天仍有大量感染病例和死亡病例，但远低于高峰期。城市放开了。

虽然人们彼此之间没有失去尊重，但整个国家在意识形态与政治方面的斗争愈加激化。允许某些人做某事会侵害他人的权利，以及他人的权利会妨碍另一些人生存权之类的争论从未间断。

助长感染扩散的行为会给社会带来灾难。我们开始拥有了纠正过度自由主义错误的新规范。自由至上主义者主张任何人都有做任何事情的自由。但是，有些人的自由可能会对其他人造成束缚，如果认可某人扩散疫情的权利，就会剥夺其他人的生存权。社会必须寻求这些权利之间的均衡。

这个问题与环境污染问题具有相似之处。一旦认可某些人污染和破坏地球的权利，就等于是在剥夺其他人继续在地球上生活的权利。疫情期间的行动自由或规制问题，与我们一直以来一再重复的环境保护上的冲突有着相同的结构。在文明世界的广泛共识中，可持续的世界需要规制。

我们必须相互尊重。然而遗憾的是，在美国有许多人似乎缺乏对共存的理解。这一点在现政权的高层中尤为突出。

27.与经济萎缩相背离的股价上升

丸山俊一：令人不可思议的是，股票市场的股价正在上涨，甚至看起来像疫情泡沫。然而，失业率也在上升，消费前景很不明朗。很显然，实体经济正在放慢节奏。您认为市场是否在正常运行呢？

斯蒂格利茨：市场并没有准确地反映出经济的真实走向。比如，低薪资对大多数工人来说是不利的，但会提升企业的利益。一家公司的收益越高，它在股票市场的走势就越好。所以，股价上涨有可能使社会上的大多数人生活困苦，却让富裕阶层赚得盆满钵满。

股价上涨也可以从其他角度来加以说明。每当经济降速，美联储就会降低利率。结果，债券市场变得不那么有吸引力，资金开始流向股市，进而提升股价。也就是说，股市之所以繁荣，是因为经济正在恶化。自2008年以来实施量化宽松政策时，债券市场的利率变得很低，但股市却因此而呈现出了生机。

本次股价上涨还有另一个原因。政府正在给人们发放

正在电脑前接受采访的
斯蒂格利茨

补助,向市场注入流动性(现金、支票等)。然而,这些流动性并没有被用于消费。人们控制购物欲望不去餐馆,也不坐飞机。为了应对情况的进一步恶化,大家把拿到的补贴变成储蓄。银行的资产负债表也因此改善。然而,把钱存在银行也几乎没有什么回报。所以如果是我的话,我会选择投资股市而不是银行存款。因此,股市向好。

投资股市的人会认为他们作出了明智的选择,但股价也有可能转向下跌让这些投资者们感到后悔。

目前的这波股价上涨，正是政府向市场注入流动资金的结果。现实中，经济却在衰退。在美国，几个月间便约有4000万人失去了工作，相当于每4人中就有1人失业。低收入阶层中40%的家庭里，有家人遭遇失业。这很凄惨。在这种情况下，股市走势良好，正说明了市场并没有反映出现实经济。股价的上涨告诉我们，有可能在大多数美国人苦苦挣扎之时，极少数富裕阶层正在获取着巨大利润。

28.化危机为前进的机会

丸山俊一：90年前，凯恩斯说过"创造就业机会"。疫情当下，需要创造出什么样的产业和服务呢？

斯蒂格利茨：嗯，根本问题是绿色过渡（向环境保护主义转变），需要转变到可再生能源。我们必须进行大量投资，以摆脱对化石燃料的依赖。

我把这次的危机当作一个"进步"的机会。未来20年不会缺少就业机会，因为我们正试图变革我们的经济。当然，不仅仅是创造出就业机会，相应的也会失去很多工作岗位。如航空业正在受到冲击。在疫情完全结束之前，音乐、戏剧和重大活动相关的行业也将处于困境。

另一方面，在线医疗、远程会议等领域会得到不断发展。只要人们发挥各自的作用，就肯定能创造出人工智能及疫情影响之外的、多得多的工作机会。如果还不够的话，就需要政府发挥作用。

丸山俊一：您认为通过创造新的就业机会等政策，能改善收入差距和不平等的问题吗？

斯蒂格利茨：应该会有所帮助的，但只有这些还不够。今后，教育以及老年人护理等这些在日本已经相当成熟的产业会得到蓬勃发展。而在美国，这些产业目前依赖于政府的补贴。换句话说，这些行业的劳动者薪资以及提供服务所得的回报，是由社会的价值观，而非市场的价值观决定的。因为市场尚不能公允地评价教育儿童和看护老人这些工作的价值。从事社会不可或缺的这些工作的人，应该得到公正的待遇。比如，护工的工资被限制在低水平，这是不合理的。这与歧视女性也有一定关系，因为许多女性从事看护工作。恶意利用过去歧视女性以及压低女性工资的"恶劣传统"，看护人员的工资被压制在很低的水平。护工拿低工资这件事情，我们没有任何理由让其持续存在。护理工作的价值应当得到合理的评价。

29.重新认识政府作用的重要性

斯蒂格利茨：我觉得此次疫情使人们切身体会到积极且坚强有力的政府的重要性。在过去的40年里，我们的社会一直忽视政府的作用和科学的作用。这曾是新自由主义的政府的主要方针。美国自里根、英国自撒切尔政权以来，都不太重视政府的作用，而新自由主义所提倡的小政府并未能对疫情做出有效的应对。

政府在灾难与危急关头的作用至关重要。我们作为个体，往往束手无策。美国在2001年遭受"9·11"恐怖袭击，2008年全球爆发了金融危机。在这之前和之后，危机几乎每隔几年便会重现。

在此次新冠病毒危机之前，确实曾有人做过应对疫情威胁的功课，如奥巴马政府便在国家安全委员会下面设立了传染病防控办公室。因为他明白，疫情对社会的威胁堪比核战争。

然而，特朗普总统在2018年突然关闭了该办公室。此外，疾控中心以前有许多科学家研究如何应对疫情，但特朗普总统也冻结了这方面的资金。支撑疫情防控研究的资金被夺走了。

结果正如大家所知道的那样，美国目前在感染人数和死亡人数方面都是世界第一，失业率也是大萧条以来最严重的。正是特朗普将削弱政府作用的计划付诸实施，才导致了这样的结果。

30.重建有复苏能力的供应链

丸山俊一：最后，我想就世界经济和国际政治请教一下。新型冠状病毒危机以来，诸如欧盟合作机制的局限性、中美紧张局势的加深等问题进一步表面化了。我想听听您对这两个月的总结和对今后的展望。

斯蒂格利茨：虽然新冠疫情危机暴露出了全球化带来的问题，但它也让人们重新认识到它的重要性。

首先，我们从变得明确的重要性来说吧。这次疫情是一场全球性的危机，世界上所有的人都在遭受着新冠疫情威胁。除非能将全球各地的疫情不留死角地一扫而光，否则世界无法从新冠病毒中得到解放。

不只是病毒，疫情引发的经济危机也蔓延到了世界范围。只要世界上还存在着被经济复苏遗忘的地方，就不会实现世界经济的强劲复苏。

换句话说，全球都面临着病毒感染危机与经济危机。在此情况下，全球合作显得越发重要。国际合作的必要性比以往的任何时候都紧迫。还有，为了应对气候变化，我们也需要全球合作。新冠疫情危机和气候变化危机都是全球现象，如果离开了全球合作机制，这些问题是无法解决的。

长期以来，全球合作机制在一定程度上起到了一定的作用，但并不完美。当然，人类创建的制度不会有十全十美的。但我还是想给予它一定的评价。如果没有世界卫生组织（WHO），新冠危机毫无疑问会更加惨烈。世卫组织一再发出了疫情危险性的警告，但特朗普政府一直无视这一警告。我前面已经提到过结果。

世界卫生组织积极推进药品与疫苗的开发，为在全世界平等地享有这些成果发挥着重要的作用。比起那些"只要自己和自己的国人能得救就行，其他国家的人死了也没关系"之类的利己主义与本国中心主义，世卫组织在伦理上从更高的角度作出了判断。当然，国际机构不完美也是事实，但是需要进一步的强化，不能因此就说它没用并去架空它。

同时，疫情暴露出了全球供应链的脆弱性,也暴露出了我们这个经济的弱点。这不得不令人震惊。全球化的资本主义体系，竟然连必要的口罩、防护服、感染检测盒都无法提供。

现在，我们看到的是资本主义体系最基本的弱点，离开政府的规制，资本主义体系就没有能力复苏。这显现出了市场的局限性，所以我们必须重新认识这种脆弱的供应链。

自2016年英国选择脱欧、特朗普当选美国总统以来，人们开始重新认识边境的重要性。政治的基本单位是民族国家，各国政府必然会选择偏向国内的政策。也因此，各国都必须确保国内的供应体系，将一度外包到国外的生产工序转为"内包"。我认为，供应链将从目前的全球供应链重组为国内一条龙的更具自我恢复能力的供应链。

但是，即便供应链内包进展成功，工作也不会回到发达国家尤其是美国中西部和西南部的工人们手中。就算工厂回到了美国，也将是机器人在那里工作。曾经在工厂工作的劳动者失业，他们必须掌握新的技能，在新的地方找到工作，这一事实并未发生改变。重建了供应链，劳动力的去工业化问题依然存在。

31.跨越价值观差异,学会合作

斯蒂格利茨：不幸的是,疫情加剧了中美的紧张关系。在疫情之前,中美之间的经济摩擦已经升温。特朗普政府的保护主义是最大原因。作为特朗普经济政策基础的旧时代保护主义经济理论存在着致命的缺陷,得不到大多数经济学家的支持。

冷战结束后,世界上很多人曾对转向自由民主和市场经济抱有希望。1952年出生的日裔美籍政治学家弗朗西斯·福山在冷战结束前后发表的题为《历史的终结》的论文中预言说,社会制度的发展,将以随冷战结束而出场的自由民主主义的最终胜利而告终。

遗憾的是那只是一个幻想。目睹中美之间的紧张关系,我们认识到了这一点。毫无疑问,中国未来会变得更加强盛。世界并没有成为像福山所预言的那般世界。中国跟美国以及其他一些国家相比,价值观上存在着差异。美国炫耀民主主义国家如何重视人权,同时又借故对中国百般刁难。

然而,我们生活在同一个星球上。因此,尽管我们的价值观不同，但我们必须学会如何合作。为了解决气候变化问题，也为了结束这场疫情，我们必须合作。不能因为思想与价值观不同就不合作。如何合作是未来的一个挑战。

英国格拉斯哥大学的
亚当·斯密雕像

凯恩斯

后 记

对真正"强者"的反省和价值判断

1.超越"生命与经济的权衡"

"和新冠病毒共存的时代""新的日常"……眼看着不明朗状态无法避免,讨论"如何在防止感染扩大的同时恢复经济"成了媒体的日常话题。在此争论过程中,出现了"生命与经济的权衡"这一说法。二者如何权衡是如今社会活动中的一个巨大难题。简单地选择"生命"还是"经济",算是梳理问题的一个明了、利索的方式。

然而,对此困境进行剖析,冷静地启动能触及问题根源的思维,并对问题进行再思考似乎很有必要。在这里——虽说是科学分析的普遍方法——有一个将人的生命量化、置换成数字的思维。"感染"这一事实可以用发病人数、"经济"这一现象可以通过货币流通量分别以数字代替。所有的一切都可以用抽象的数字表示,并最终绘成图形曲线。

当然，通过抽象和量化进行科学分析是必要的，它能截取事情在某个方面的真相。当然，我们必须时刻认识到它只是"其中一种"，否则就会掉入新的陷阱。有越来越多的人倾向于以所谓"现代经济学"为基础的"经济思维"，急于用数学模型寻找合理的解法，只热衷得出"漂亮的答案"。而令人遗憾的是，数字背后的真实存在且多样的人性、精神、价值观、人生观等被忽视了。

在这方面，斯蒂格利茨和弗格森的思想都非常敏锐，他们深知这样的"现代科学"思维方式的局限性，并不断地从新的角度去探索能够解决这些问题的方法。他们分别以经济和历史的角度为核心，虽然在挑战翻越现代社会这座大山时的路径不同，但两人从山顶领略到的风景里有共通的东西。

2."信息经济学"与斯蒂格利茨

"如今,市场经济的失败已经成了民主主义面临的威胁。"

这几年,斯蒂格利茨最关心的问题可以浓缩在这句话里。资本主义是实现民主主义的手段,这一观点是他坚定不移的信念。

"资本主义应该是民主主义制度的一部分,资本主义谋求的利润只是实现'权力共享'这一民主主义目标的手段,而不是目的。"

与乔治·阿克洛夫等人一起开创了"信息经济学"这一新领域的斯蒂格利茨所关心的,主要在"贫困阶层如何致富"方面。因此,他对拥护"自由市场"作用,甚至将其万能化的传统经济学提出了很大的疑问。对此,他提出了"信息的不对称性与不完整性"的理论,认为市场上不存在拥有"完整信息"的买家,这让他获得了诺贝尔经济学奖。对于生长在印第安纳州巨大的工业城市加里,曾经目睹了劳动者所遭受的贫困、歧视和失业的斯蒂格利茨而言,"扭曲的市场"在某种意义上或许就是烙印在他皮肤上的"常识"。

3."亚当·斯密搞错了"

事实上,斯蒂格利茨在《欲望资本主义》第一册中提到的这句话意味深长。他紧接着解释说,因为市场即便存在"看不见的手"也不起作用。他否定将斯密推崇为"市场是一切的一切"的"市场的绝对拥护者"。事实上,正如不少读者所了解到的,斯密强调"市场作用的重要性"的真正目的——原本非常明确——是为了推翻当时支配欧洲的重商主义的绝对权威。

在认可"市场万能论"的当代,斯蒂格利茨提出:市场经济造成了经济不平等,这对整个经济的严重影响之一,是总需求和投资的减少。贫困阶层把到手的钱几乎全部用于消费,而富裕阶层只将资产及收入的一部分用于消费。因此,经济不平等让财富集中到富裕阶层,总需求从而减少,投资也减少。

从这里,我们能看到斯蒂格利茨放眼整个社会,期待每个人都拥有公平竞争意识,希望社会秩序健全的经济思维。于是,他似乎又和"经济学之父"亚当·斯密的形象重叠到了一起。

4. 在缠绕交织的欲望之网的前方……

极具讽刺意味的是,"现代"文明带来了惊人的技术进步,而其精粹互联网带给我们的却是像"中世纪"那样的某种非法地带,进而唤起了人们各种不良情绪的社会。当然,这是一个只看"阴暗面"而得出的简单评价。不可否认,互联网也带来了很多好处。但是,我们还是应该仔细地琢磨弗格森这句简单话语的寓意——"网络让你欢喜让你忧"。

如果我们为了只看到"好的东西"而作出有利的解释,就会贻误对大局的判断。电视节目《全球经济:复兴的较量》中高盛集团利率的交易主管今松英博先生所提及的"路径依赖"已然存在。曾经作出的抉择会模糊并蒙蔽自己的感知,使之无法作出合理的判断,这是人类的天性。如果你意识不到这种偏差,无法直面"不好的东西"的话,你可能无法作出正确的判断,也不会有大局观。

被网络的便利性所倾倒的我们,将心思用在了被称为"智慧城市"的单一化集中型、高密度功能的扩大和发展上。

实际上,网络也有实现"分散"的可能性,但各个国家、地区,或者是包括各个公司组织在内的许多群体只倾向于"集中",由此所产生的脆弱性通过新冠疫情的冲击显露了出来。高速增长期,在完善高速交通网络的过程中,人力、财力、物力被吸引到更具向心力的大城市的现象被称为"吸管效应",并一度成为问题。如果我们用曾经的工业社会构图加以解释的话,那么作为现代新工具的互联网或许也滋生出了同样问题。网络的"吸管效应"与"路径依赖"的谬误之间似乎存在着一定的关联。

近年来,弗格森将网络与传统的"高塔"这两种模式相结合,通过多视域俯瞰历史为我们展示了解读现在与未来的新视点。他的种种见解,呈现出人与社会群体所产生的各种悖论。人们为高塔所迷,以"崛起"作为目标。然而,各种显性或隐性的网络交错,仅凭垂直结构无法理解的事情比比皆是。原本由这种垂直与水平的兴衰交替演绎出的各种历史剧,在高科技驱动、网络主导的当今社会,情况变得愈加复杂。

事实上,弗格森自身也绝没有局限于"历史学家"这个名头,他是一位身处各种网络的、非常独特的人物。他来自苏格兰,在英国、美国的许多知名大学任过教;据说他年轻时作为自由撰稿人,还在广播行业开办过一家制作公司。对于他自身,他表示"不觉得与塔形层次结构有缘,倒是网络型很合适"。在观察政界、商界之后说出

"比起拥有财富，我更想一直保持自由"的本色，蕴含在他超然脱俗的步法之中。这种轻快的姿态，大概就是他哪怕身处混浊的"欲望"编织出的复杂局势中，也能够平视事物，坦言"国王什么也没穿"这种洞察力的基础吧。

弗格森在疫情危机中说过一句非常冷静的话——"无法刺激自己关机的经济"。

这个"自己"的确令人难办。在病毒这种可怕的威胁面前，人们"自己"衰退。瞬间凋零的消费"欲望"，还有因为对未来感到焦虑而不断膨胀的"爱钱""欲望"。

当下令人可怕的最坏的局面，已然到了连这个冷静的男人都不得不说出有爆发战争先兆的地步。为了不重蹈覆辙，人类的智慧正面临着考验。最终成为关键的，依然是人们的心理、活下去的信念、价值观的问题。

5.真正的"强者"？从苏格拉底到凯恩斯

当我们俯瞰两位知性名家的思想与观点时，我们不得不重新审视人类群体编织出的各种充满悖论的行为及其后果。对事物看法的简单认识及处理会导致事态恶化，导致人类经历了民粹主义，甚至法西斯主义的混乱。

现实从不按"模型"展开。苏格拉底认为，人们应该直面自己的"欲望"，否则将止步不前。这简直就是为应对这种状况才会有的思维。甚至不用举例"自知无知"。至少，我们需要认识动物式的"欲望"，认识人类被各种文化编码巨大影响而形成的"欲望"面纱所包裹着的精神结构。为了感知"欲望"本质而进行自我对话式的反省是必要的，虽然有时候会感觉："莫非是一本正经的道德先生说教"。但遗憾的是，我们必须直面人类内心的不稳定性、善变以及出乎意外的脆弱，正是这些危险的性质让我们与"合理性"背道而驰。

顺带一提，哲学创始人苏格拉底说，真正的"强者"是那些能够控制自己欲望的人。2000多年来，我们一直被告知：最强大、最终的敌人是我们自己，但我们一直无法战胜自己。对此虽感惋惜，也只能再次心碎。

"本质上来说，经济学是道德科学的一部分，而非自然科学。换句话说，经济学驱使反省与价值判断。或许，我应该再补充一点，即经济学涉及动机、期望与心理学上的不确定性。"

这是电视节目当中介绍过的凯恩斯原话。人类这种软弱的动物，在形成社会群体时会迅速放大焦虑、冲突、仇恨，有时甚至会有走向疯狂的破坏性冲动……我们只能毫无回避地去感知这一系列脆弱内心的变化，从政策上确保实现人们的"信任恢复"，并且愿意构成社会的一分子。

6.对资本主义的探索并未结束

　　本书的完成，归功于从"欲望"系列第一集开始就参与的大阪大学安田洋祐准教授，还有一直以来的制作人员高桥才也、大西隼、小寺宽志、冈崎光曜、桑原拓真、真治史、中村美奈子，以及东洋经济新报社的矢作知子、笠间胜久。而能完成对弗格森的采访，完全是居住于纽约的渡边裕子记者的努力成果。

　　感谢所有的人，感谢大家的参与！

　　当我正式整理理论经济学家与历史学家的发言的时候，一位财经记者——乌尔里克·赫尔曼女士的话在我脑海中划过。她在一次电视节目里，感叹现实中缺少凯恩斯那样温和但能看穿事物本质的经济学家，并坦言："根本不存在什么市场经济，有的只是资本主义。"多么简洁明了而又切中现代经济本质的概括啊！当你聆听了理论家斯蒂格利茨关于信息不完整性的言论和历史学家弗格森的网络论之后，你是不是觉得它更具有说服力了呢？

　　某种意义上，新冠的出现给生存于人类世界的我们发出了一个强烈信号。然而，资本主义世界既不希望制造公平的"市场"，也不试图去摸索新的社会形态、风格，而一味地回到已形成的以"欲望"生产为目的行为似乎很明显。

如今,重视社会系统的内在不平衡,改变它以作出新平衡的准备迫在眉睫。

对错综复杂的资本主义的探索并没有结束。

NHK株式会社制作本部节目开发、总制作人

丸山俊一

主要执笔者

[日] 丸山俊一

1962 年生于日本长野县,庆应义塾大学经济学院毕业。NHK Enterprise 制作本部节目开发执行制作人。制作有《欲望资本主义》《欲望民主主义》《欲望经济史》《欲望时代的哲学》等"欲望"系列节目。同时也于东京艺术大学、早稻田大学进行社会哲学课程的授课。

导　　演

[日] 大西隼

1980 年生于日本东京,后随家庭辗转于东京、横滨与纽约之间。东京大学科学博士。2008 年,他加入 NHK,曾执导拍摄过《地球出租车》《日本的困境》《伟大的心理实验》《不可思议之世界发现者》。